NEM TODO O PETRÓLEO É NOSSO

SERGIO XAVIER FEROLLA
PAULO METRI

NEM TODO O PETRÓLEO É NOSSO

PAZ E TERRA

Projeto gráfico e diagramação: Gregolin

CIP-Brasil. Catalogação-na-fonte
Sindicato Nacional dos Editores de Livros, RJ.

F416n

Ferolla, Sergio Xavier
Nem todo o petróleo é nosso
/ Sergio Xavier Ferolla, Paulo Metri. - São Paulo : Paz e Terra
2006.

Anexos
Inclui bibliografia
ISBN 85-7753-009-4

1. Petróleo - Aspectos econômicos - Brasil. 3. Indústria petrolífera - Brasil. 4. Petróleo - Política governamental - Brasil.
I. Metri, Paulo. II. Título.

06-3232. CDD 338.272820981
CDU 330.524 : 622.323 (81)

EDITORA PAZ E TERRA S/A
Rua do Triunfo, 177
Santa Ifigênia, São Paulo, SP – CEP 01212-010
Tel.: (011) 3337-8399
E-mail: vendas@pazeterra.com.br
Home Page: www.pazeterra.com.br

2006
Impresso no Brasil / *Printed in Brazil*

Não há nada como o sonho para criar o futuro.
Utopia hoje, carne e osso amanhã.
Victor Hugo

Sumário

Apresentação

O livro "Nem todo o petróleo é nosso", de autoria de dois eminentes brasileiros, o brigadeiro e engenheiro Sergio Ferolla e o engenheiro Paulo Metri, prefaciado pelo não menos ilustre patrício Carlos Lessa, mostra com riqueza de detalhes e de informações, quão importante é deter sob o comando da Nação as suas riquezas naturais. Com efeito, já dissera décadas atrás um outro brasileiro empenhado na defesa de nossos recursos naturais, Alberto Torres, "uma nação pode ser livre, ainda que bárbara, sem garantias jurídicas; mas não pode ser livre, entretanto, sem domínio de suas fontes de riqueza, de seus meios de nutrição, das obras vivas de sua indústria e de seu comércio".

Dentre os recursos naturais de maior importância e, por isso, alvo da maior cobiça internacional, destaca-se o petróleo, fonte de energia para muitas atividades essenciais, principalmente o transporte, mas também para o rico e amplo espectro da petroquímica. O Brasil criou o seu modelo de aproveitamento do ouro negro, consolidado na década de 1950, com a criação da Petrobrás, garantindo para os brasileiros os frutos de tão preciosa riqueza. Aliás, também traçou rumos adequados para a produção da hidroeletricidade e, mais tarde, para os bio-combustíveis.

Nos Estados Unidos, nação que tem hoje enorme dependência das fontes de energia de outros países, também houve preocupação com a proteção dos recursos naturais. Theodore Roosevelt, já no início do século XX, advertia, segundo citação de Frederick Winslow Taylor, o pai da "administração científica", que "a conservação de nossos recursos naturais é apenas fase preliminar do problema mais amplo da eficiência nacional". Taylor partiu dessa assertiva para propor, na seqüência da conservação dos recursos naturais, o trabalho eficiente, que precisamente seria a chave dessa conservação.

Os autores deste livro demonstram que hoje, devido a descaminhos na política energética brasileira, "nem todo o petróleo é nosso". Mas também chamam a atenção para a baixa eficiência com que o consumimos, quando a política de transportes, por exemplo, nos leva ao desperdício da energia. De fato, ao constatar que um passageiro transportado pelo metrô de São Paulo consome energia equivalente a 0,5 kW.h, enquanto, conduzido por automóvel, despende 13 kW.h, e que este meio de transporte responde hoje por 53% dos deslocamentos diários motorizados, na Região Metropolitana, sentimos claramente que estamos desperdiçando a riqueza natural. Por isso mesmo, a Região Metropolitana de São Paulo, consome hoje energia em transportes 65% mais do que eletricidade. E, o que é pior, coloca na atmosfera calor equivalente a toda a energia elétrica que utiliza para todos os fins.

Oxalá este "Nem todo o petróleo é nosso" seja lido por muitos brasileiros.

Adriano Murgel Branco

Prefácio

Quem tem cabelos brancos e leu *O poço do Visconde* terá a lembrança de Pedrinho, neto de Dona Benta, dona do Sítio do Picapau Amarelo, afirmando:

> Bolas! Todos os dias os jornais falam em petróleo, e nada de o petróleo aparecer. Estou vendo que, se nós, aqui no sítio, não resolvermos o problema, o Brasil ficará toda vida sem petróleo. Com um sábio da marca do Visconde (um sabugo de milho) para nos guiar, com as idéias da Emília (uma boneca falante) e com uma força bruta como a do Quindim (um rinoceronte cordial), é bem provável que possamos abrir no pasto um formidável poço de petróleo.

Éramos técnicos. Sabíamos das rochas metamórficas, turfa, diatomáceas, protoplasma, sinclinal-anticlinal, asfalto, gás, falhas e intrusões vulcânicas, lençol aqüífero etc. Invejávamos o México, que tinha o poço de petróleo de Cerro Azul; Venezuela, Peru, Colômbia, Equador e Bolívia tinham petróleo... A Argentina havia perfurado um poço de 2.500 metros em Mendoza. Como o Brasil não teria petróleo? Faltava decisão ou estaríamos sendo enganados. Por isso, estávamos com Pedrinho. Os aviões da Emília trouxeram o equipamento e acompanhamos a perfuração do Caraminguá Número 1, poço pioneiro do sítio de Dona Benta, que dispunha de água do córrego Caraminguá. Foi perfurado utilizando-se trepano e injeção rotativa de água. Após a perfuração do lençol, nos emocionamos com a descoberta, a 700 metros de arenito gasífero, que, destilado, deu um óleo pardo-esverdeado, petróleo parafinoso de primeira qualidade. Vibramos quando o Quindim evitou a catástrofe no Poço 1.

Monteiro Lobato foi o gênio que conquistou minha geração. Quando usava calças curtas estava convicto de que com vontade, decisão e empenho nacional faríamos do Brasil uma grande pátria. Todos sabíamos, *apud* Visconde de Sabugosa, que

> O ferro é a matéria prima da máquina, e o petróleo a matéria prima da melhor energia que move a máquina. E como só a máquina aumenta a eficiência do homem, o problema do Brasil é um só: produzir ferro e petróleo, para com eles ter a máquina que aumentará a eficiência do brasileiro.

No Sítio do Picapau Amarelo foi fundada, por Pedrinho, a Companhia Donabentense de Petróleo, precursora da Petrobrás. Fomos parceiros da pátria brasileira quando, na última página de *O poço do Visconde*, lemos: "Salve! Salve! Salve! Deste abençoado Poço Caraminguá Número 1, a 9 de agosto de 1938, saiu, num jato de petróleo, a independência econômica do Brasil".

Lobato comete, contudo, um grande erro: sugere que seria fácil extrair petróleo. Não foi. A Petrobrás, recém-fundada, contratou Walter Link. Este, após examinar toda a informação geológica disponível para o Brasil, disse que no cristalino não havia petróleo; que poderia haver algum nas bacias sedimentares do Amazonas e do Paraná–Paraguai, porém seria de difícil localização. Para Link, existia petróleo na plataforma marítima continental. Como na época não era disponível tecnologia para extrair petróleo de águas profundas, Link afirmou que eram pequenas as chances terrestres brasileiras. Teve razão. Em 1979, quando explodiu a segunda crise do petróleo e o preço do barril atingiu preço até hoje jamais superado, o Brasil somente extraía 15% de seu consumo anual de petróleo. Foi na década de 1980 que se tomou a decisão de ir em busca de petróleo nas águas profundas, onde a Petrobrás encontrou grandes jazidas. Foi necessário um grande esforço científico e tecnológico de ponta. A empresa e a universidade brasileira tornaram esse petróleo um recurso real. Em 2006, com fanfarras e uma campanha milionária, a Petrobrás afirmou a auto-suficiência brasileira em petróleo.

O Brasil hoje dispõe de reservas, provadas, de 16 bilhões de barris. Parece muito, porém apenas garantem abastecimento nacional por 17 anos, se o Brasil tiver um crescimento medíocre de 4% do PIB por ano (o que é pouco, pois necessitamos crescer mais de 6% ao ano para gerar emprego digno aos brasileiros) e não exportar. Infelizmente a Petrobrás adota essa mediocridade, que é a taxa projetada pelo Banco Central brasileiro. Cabe, contudo, advertir que somente atingimos a auto-suficiência porque o Brasil está praticamente estagnado e cresceu apenas 2,3% ao ano nos últimos 20 anos.

Monteiro Lobato fez n'*O poço do Visconde* uma sábia advertência: "tomem cuidado com os inimigos do Brasil". No livro os maus brasileiros são apelidados de caxambuzeiros, pois após a descoberta do petróleo teriam afirmado que o litro de gasolina custaria mais do que uma garrafa de água mineral de Caxambu. Lobato tinha razão. Os maus brasileiros tudo fariam para impedir que viéssemos a ter domínio sobre o petróleo. Procurariam difundir desânimo afirmando que

> o Brasil não tem petróleo, não saberia extraí-lo, que seria uma loucura criar uma companhia brasileira, pois não tínhamos trabalhadores qualificados, ou suficientes engenheiros e geólogos, nossa indústria era incipiente e com baixos padrões de qualidade. No Brasil eram ausentes institutos tecnológicos. Principalmente tínhamos a falta de poupança interna e um vácuo de capitais disponíveis.

Nossos operários dominaram todas as tarefas; foram graduados profissionais de nível superior em todas as áreas necessárias; foi feito e interpretado o levantamento geológico; a indústria brotou e, em grande parte, atingiu os padrões necessários com base em estímulos criados pela Petrobrás. Não havia capitais, contudo todos os brasileiros que consumiam derivados de petróleo viraram sócios da empresa. Apesar da hostilidade externa, a Petrobrás se afirmou com tecnologia de ponta brasileira no domínio das águas profundas. É a maior empresa brasileira. Minha geração e as outras que me sucederam fizeram da Petrobrás orgulho nacional.

Todos nós sabíamos que, após a segunda Revolução Industrial, o petróleo tinha sido considerado o divisor de águas estratégico para o setor energético. Em última instância, o padrão de vida de um povo depende da energia disponível por habitante. O futuro gravita em torno da luz e o automóvel foi o símbolo da prosperidade e competência industrial. Apesar de termos sido aliados da potência vitoriosa da Segunda Guerra Mundial, não recebemos, no pós-guerra, nenhuma ajuda dos EUA. O mundo parecia caminhar com a Guerra Fria e, a partir do episódio coreano, para a Terceira Guerra Mundial. Soou, aos ouvidos brasileiros, uma terrível ameaça de retrocesso se não caminhássemos para frente.

Naquele tempo, o sambista carioca afirmava: "Rio, cidade que me seduz; de dia falta água, de noite falta luz". Foi enorme o esforço brasileiro para ampliar a oferta de energia elétrica de origem hidráulica. Construímos Paulo Afonso, Três Marias, Furnas, Marimbondo, Ilha Solteira, Itaipu, Xingó, Tucuruí etc., até 1985. Com pouco petróleo construiu-se, até esse ano, um importante sistema gerador de hidroeletricidade. Nos anos 1990, deixamos de nos esforçar no domínio hidrográfico. Para nosso escândalo, Fernando Henrique Cardoso engendrou o Apagão. O atual governo ainda não teve a coragem de recuperar a expansão hidroelétrica do passado e está improvisando com termoeletricidade. Hoje, 74% de energia elétrica é de energia hidráulica; deveríamos reduzir o consumo não renovável pela energia sustentável do nosso regime hídrico.

Em 1970, o ministro Dias Leite organizou a matriz energética nacional. Desta data até 2004, o PIB brasileiro cresceu 4% ao ano, e o consumo de energia, 3,5%. Obviamente, com o crescimento medíocre do PIB, a partir da Década Perdida caiu o crescimento da energia, que nas últimas décadas passou a ser maior que o PIB. Isso reflete a melhoria do padrão de vida de uma população crescentemente urbanizada e o peso de ramos industriais energointensivos (alumínio, aço, vidro, cerâmica). É necessário felicitar o programa Luz para Todos, que visa a retirar das trevas qualquer brasileiro, generalizando a ligação universal à rede de energia elétrica.

O esforço brasileiro foi, no passado, desdobrado em múltiplas direções. Caminhamos em direção à energia atômica. O almirante Álvaro Alberto deu início à busca nacional do domínio do ciclo de enriquecimento de urânio; a Marinha desenvolveu uma tecnologia própria. O Brasil dispõe de amplas reservas minerais e podemos ser, no futuro, auto-suficientes em urânio enriquecido. No campo da bioenergia e utilização do etanol com origem canavieira, os estudos começaram no CTA-ITA. A produção de álcool de cana saltou de 600 mil litros/ano para 10 bilhões de litros/ano. Proálcool é um sucesso. Já utilizamos de maneira competente o bagaço de cana. É fundamental que o Brasil desenvolva uma tecnologia para aproveitar, em grande escala, a palha dos canaviais. Sua disponibilidade tem equivalência energética com o álcool.

O Brasil pode esperar muito da bioenergia. Em 2005, do consumo de derivados de petróleo, 37% é de diesel e 15%, de gasolina. Nesse caso, é necessário saudar a importância estratégica da H-Bio, recentemente desenvolvida pela Petrobrás. Porém, é deplorável a atrofia da grande empresa de pesquisa agrícola brasileira: a Embrapa. Paralisar a criatividade da Embrapa mediante a escassez de verbas é obscurecer avanços brasileiros no campo das oleaginosas.

A mão de Deus, os esforços de gerações de brasileiros e algumas decisões corretas no passado constituíram enorme vantagem estratégica para o Brasil no mundo conturbado. Em 2004, apenas 40% do consumo energético brasileiro foi não renovável. No mundo, o não-renovável era, na mesma época, de 86,4%; e nos países da OCDE, de 94%. Além de sermos predominantemente tropicais, podemos expandir nossa produção hidroelétrica e bioenergética. À exceção da Rússia, o Brasil é o único país-baleia auto-suficiente em petróleo. EUA, que engolem mais de 25% de todo o petróleo do mundo, dependem de importações equivalentes a 60% do que consomem; o Japão não tem petróleo; a União Européia hoje tem muito pouco e depende da importação; a China é vulnerável; a Indonésia, que exportou seu petróleo a U$ 3 o barril, agora o importa a U$ 60. O México está assistindo suas reservas minguarem para sustentar a sede norte-americana por petróleo.

Nossa vantagem estratégica começou a ser estabelecida quando o artigo 5º da Constituição de 1934 estabeleceu a propriedade estatal de subsolo e recursos hídricos. O artigo 119 propunha a nacionalização progressiva das passadas concessões. Prosseguiu com a campanha *O Petróleo É Nosso*, que se desenvolveu de 1947 até 1953. Em 3 de outubro de 1953, a Lei nº 2.004 estabeleceu o monopólio e criou a Petrobrás. O maior órgão de mídia, *Diários Associados*, e os grupos bancários eram contra. Foi marcada por episódios como a prisão de Monteiro Lobato em sua luta pela afirmação de existência do petróleo. Foram fundamentais o Centro de Estudos e Defesa do Petróleo e da Economia Nacional; o

Clube Militar; o de Engenharia; e o Conselho Nacional de Petróleo, presidido pelo general Horta Barbosa. Vigiar a Petrobrás se converteu em padrão comportamental de uma geração. Após a redemocratização, tudo parecia tranqüilo, pois a Constituição de 1988 havia consolidado a proteção ao setor petrolífero estatal e preservara o privilégio à empresa nacional.

Foi um grande engano estarmos tranqüilos. Ao longo dos anos 1990, o Brasil equalizou os direitos das empresas nacionais e estrangeiras. Um absurdo, pois a filial estrangeira tem uma retaguarda de que a empresa nacional não dispõe. Passo a passo, foi sendo minguada a soberania em política econômica. Foram eliminados os controles sobre investimentos, lucros, remessa de dividendos e movimentos de capitais estrangeiros. Aceitou-se o controle, pelo FMI, dos balanços das empresas públicas a pretexto de contingenciar o gasto público. Houve a privatização de importantes segmentos e foram criadas agências reguladoras com diretorias de mandatos de prazo definido inamovíveis. A eliminação da especificidade e singularidade da empresa de capital nacional permitiu que qualquer filial estrangeira tivesse acesso à poupança institucional brasileira via BNDES. No campo do petróleo, a Emenda Constitucional nº 9 e a Lei nº 9.478 terminaram com o monopólio e deram origem à Agência Nacional do Petróleo (ANP) e à entrega de nosso petróleo.

A partir de 1997, a ANP começou a licitar áreas de concessão que já haviam sido identificadas pela Petrobrás. O concessionário é proprietário do petróleo e pode exportá-lo por 30 anos. Em sete rodadas foram leiloados 594 blocos: 40% das concessionárias eram estrangeiras. Pelos contratos, o Brasil só pode reter as exportações necessárias para o abastecimento de 30 dias, em caso de emergência, e pagando o preço internacional. As concessionárias foram mimoseadas com baixa carga tributária, e não foram fixadas regras prévias às licitações quanto à taxa de recuperação de petróleo.

A Petrobrás foi banalizada na década de 1990. Ela não é uma empresa qualquer; é estratégica em relação ao futuro brasileiro. Domina uma matéria-prima decisiva para o bem-estar das futuras gerações brasileiras. Está localizada no setor determinante do funcionamento dos motores a explosão interna. Do petróleo derivam mais de 3 mil subprodutos. O nível de atividade e desenvolvimento da indústria brasileira depende essencialmente das encomendas da Petrobrás. A continuidade científica e tecnológica é poderosamente impulsionada por essa companhia. É um instrumento de polícia econômica soberano voltado ao futuro planejado para o Brasil. A Petrobrás é mantenedora de salvaguarda essencial para a nossa tranqüilidade.

Entretanto, um acúmulo de mutilações foi realizado pelos governos dos anos 1990 contra a companhia, que perdeu ramos complementares de atividades. A petroquímica foi fragmentada e privatizada. Foi interrompida a orientação das encomendas da companhia para o mercado interno. Felizmente, o governo atual mudou essa orientação e houve retomada na construção naval. Foi adotada uma política de terceirização do pessoal da companhia para debilitar a organização sindical do setor. Atrofiada e contida na sua capacidade de investimento (apesar de sua enorme lucratividade), a Petrobrás foi compelida a realizar parcerias com empresas estrangeiras para não perder áreas de produção por ela preservadas. Com vistas a diluir a presença estrangeira nos campos brasileiros, a Petrobrás foi impelida a disputar concessões em outros países. Porém, a mais insidiosa e danosa intervenção foi lançar ações da Petrobrás sob a forma de ADRs na Bolsa de Nova York. Hoje, quase 40% do capital da companhia não é mais de brasileiros.

Essas transformações foram lastreadas em duas teses inteiramente equivocadas e com um terrível conteúdo ideológico. A primeira considera o petróleo uma *commodity*. Não é um recurso estratégico nem extremamente escasso. Não renovável, 80% do que se produz é utilizado por 15% da população mundial. O cenário do petróleo no mundo projeta escassez. Pairam incertezas sobre o principal insumo energético. A preocupação geopolítica das potências está ligada à distribuição geográfica do petróleo, a padrões críticos de fornecimento, sistemas de cotas e passagens geográficas delicadas. Oitenta e um por cento das reservas de petróleo provadas estão em países politicamente instáveis. Com a redução da produção nos países estáveis, o poder da Opep deve crescer. Nos últimos dez anos, somente 6 das 15 maiores petroleiras conseguiram repor reservas. A Shell, a El Paso e a Enron estavam fraudulentamente falseando seus balanços com reservas superestimadas. A reposição tem sido por reavaliação de antigas reservas e não por novas grandes descobertas, que têm sido insuficientes nos últimos 20 anos.

O FMI preveniu de que haverá um choque de petróleo permanente. Em *World Economic Outlook*, de setembro de 2005, alertou que o preço do petróleo não atingiu ainda nível equivalente a 1979. Com um insumo crítico como a energia, quando se produz próximo à utilização da plena capacidade, qualquer interrupção real ou potencial contribui para elevar os preços. O pico mundial deverá ser atingido na década seguinte a 2010. Já teve início uma corrida à biomassa. No Brasil, estamos permitindo passivamente a desnacionalização da indústria sucroalcooleira. Tampouco nos demos conta de que a economia da soja depende da semente da Monsanto e das operações de comercialização de grandes grupos, nenhum deles brasileiro.

A segunda tese equivocada é considerar indiferente para o país que a produção de petróleo seja da Petrobrás ou de filial estrangeira. Uma empresa pública nacional não realizará jamais uma exploração acelerada e predatória de um recurso nacional não renovável. Para qualquer filial, o importante é maximizar o seu lucro e metamorfoseá-lo em novo capital. O futuro da sociedade brasileira não é objetivo de uma filial estrangeira. Permitir o usufruto de reservas nacionais estratégicas por empresas estrangeiras é alienar a soberania nacional; é deslocar nosso julgamento para a esfera de uma "normatização formal e operacional" que as potências e as multinacionais estão impondo ao mundo, no esforço de esvaziar a soberania, pilar clássico do direito internacional. Ao vender uma grande parcela de ações no exterior, o Tesouro Nacional foi convertido em apenas um acionista da Petrobrás. Uma empresa petroleira estatal pode construir seus preços internos, colocando o lucro normal sobre custos. A Petrobrás não pode mais fazê-lo. Tem competidores estrangeiros internalizados. Isso é visível até no discurso institucional da companhia, cuja missão é "satisfazer seus acionistas", sem esclarecer se é o povo brasileiro ou os donos de ADRs em Nova York.

Lembro-me de Narizinho: "Não temos pressa nenhuma em vender nosso petróleo". O petróleo valia, na época, 30$000 réis o barril (início dos anos 1940). Narizinho entendeu de ajudar o país e o reduziu para 19$200 réis. Durante muito tempo, praticou-se no Brasil o mesmo preço dos derivados de petróleo em todas as regiões. Para a ideologia neoliberal, a queda de preço virá pela competição. Essa ideologia oculta que, em energia, o interesse social da nação tem que ser considerado "à la Narizinho".

É sabido que Rockfeller ofereceu a Dona Benta, pelo Sítio do Picapau Amarelo, cinco milhões de dólares, mas ela não o vendeu. Quem o vendeu foi o bobo coronel Teodorico, que utilizou o dinheiro para comprar bondes de um vigarista. Dona Benta não o vendeu, mas FHC vendeu um imenso lote de ações da Petrobrás, como ADRs, em Nova York. O Visconde propôs instalar uma refinaria para, com o *cracking*, obter o maior valor dos produtos de petróleo. FHC privatizou a petroquímica que enobrece a Nafta. A Companhia Atarip (pirata) quis roubar o campo da Companhia Donabentense. Venceu a Donabentense, que fez mais quatro poços Caraminguá; construiu um oleoduto e partiu para outros campos, onde instalou o Quindim Número 1. Pelo contrário, FHC abriu, e Lula prossegue licitando, os campos brasileiros para as "Ataripes de hoje. O atual governo está acelerando a oitava rodada de concessões.

Lobato afirmou, em *O poço*, que os "caxambuzeiros", com máscaras de burro, foram vaiados pelos populares. Infelizmente, errou: eles tiraram as máscaras e estão destruindo as salvaguardas brasileiras. Deixamos de controlar a produção de sementes. Estamos vulneráveis em matéria de fármacos e vacinas. Porém, a maior de todas as vulnerabilidades é abrir mão da energia não renovável e escassa fazendo dela produto de exportação. Deixar a sociedade brasileira à mercê do mercado futuro e da geopolítica assustadora é um crime de lesa-pátria. C. Campbell, um outro Link, afirmou: "Se eu fosse o governo brasileiro, estudaria a possibilidade de estocar a maior parte da produção nacional".

É temerária a autorização para exportar. O horizonte brasileiro de auto-suficiência não é tranqüilizante e pode perder substância rapidamente. Vimos o que aconteceu com a Indonésia e com o México, hoje com reservas para apenas 11 anos de abastecimento. Ambos "caíram no canto da sereia" do petróleo *commodity* ou foram empurrados para a vulnerabilidade por credores insaciáveis. Acho irritante a Petrobrás projetar preços internacionais em queda. É inadequada essa conduta que visa usufruir condições vantajosas em concessões fora do Brasil. Com isso, a Petrobrás imita as demais petroleiras e reduz a advertência interna quanto aos riscos em expansão da geopolítica de energia.

Por que esse descalabro? Creio que Lobato subestimou o apetite de nossa elite, para quem só é bom aquilo que lhe faz bem e que desconhece o povo brasileiro. O que está por trás de concessões de todo tipo às filiais estrangeiras e da busca ávida por dólares é a manutenção e o privilégio da riqueza das elites brasileiras. Nosso governo federal paga R$ 160 bilhões de juros aos detentores de dívida pública. Setenta por cento desses juros, que se fundamentam na mais repugnante taxa de juros real do planeta, são desfrutados por somente 20 mil famílias. Nossos bancos têm a maior rentabilidade do mundo e crescem sem parar, numa economia estagnada. Faltam recursos para as políticas públicas e para os programas de investimentos. Nossa Petrobrás tem seu capital entregue aos especuladores de Nova York. Está contida em seu programa de investimento e é forçada a aceitar parceiras para não perder concessões.

Para que abrir nossos campos a filiais estrangeiras, autorizando-as a exportar? Em parte, para que o preço interno dos derivados de petróleo fique atrelado ao preço internacional. Exportar excedentes é atraente para uma elite que compra na Daslu, desnacionaliza ganhos no Caribe e sonha com apartamentos em Miami.

Dois bons brasileiros, o brigadeiro Sergio Xavier Ferolla e o engenheiro Paulo Metri, escreveram *Nem todo ø petróleo é nosso*. Sem nenhuma ingenuidade fazem, nesta obra, o que Monteiro Lobato fez no passado já longínquo: recolocar a questão energética como basilar para o nosso futuro.

Rio de Janeiro, julho de 2006.
Carlos Lessa

Nota dos autores

Para melhor entendimento, julgamos importante definir o que será ou não tratado neste livro. Não se abordam, em detalhe, desenvolvimentos tecnológicos, como, por exemplo, os possíveis energéticos substitutos do petróleo, nem aqueles capazes de permitir maior recuperação do petróleo contido em um campo. Da mesma forma, não se mostra o estado-da-arte dos desenvolvimentos que viabilizarão a exploração e a produção no Pólo e em águas ultraprofundas, nem há descrição do processo de produção de gasolina com base no gás natural, também chamado *gas to liquid* (GTL).

A análise histórica do livro é feita com a profundidade necessária para subsidiar as argumentações, portanto, sem o rigor exigido por um historiador. Idêntico procedimento é levado a cabo com relação às análises econômicas, mesmo porque não se trata de um documento sobre economia da energia. Entretanto, no capítulo sobre o planejamento do setor de petróleo no Brasil, consideramos oportuna a descrição de algumas premissas, diretrizes e objetivos para o planejamento energético, pois, ao descrevê-los, valores e conceitos sobre desenvolvimento social são definidos *en passant*. A primeira seção desse capítulo é uma descrição sumária do setor energético brasileiro, cuja leitura pode ser dispensada, sem prejuízo do entendimento dos capítulos posteriores.

Existem bons livros e artigos que completam as lacunas citadas. O que se objetiva no presente trabalho é aplicar uma visão estratégica ao setor de energia do país, visando a satisfação das necessidades de desenvolvimento atual e das futuras gerações de brasileiros. Nessa forma de "criar o futuro", é reconhecida a importância do planejamento da energia para o bem-estar do nosso povo, não só por garantir um insumo básico a preços aceitáveis e com mínimo impacto ao ambiente, mas também porque o setor de energia pode ser utilizado para o atendimento de políticas públicas, como geração de empregos, contenção da inflação, desenvolvimento do parque produtivo nacional, dentre muitos outros interesses da comunidade.

Não se usam, nesta obra, premissas comumente utilizadas pelos economistas, que os desvinculam da realidade, como a hipotética "concorrência perfeita" e o barateamento dos preços dos produtos por meio da concorrência como o principal objetivo da atuação dos governos junto aos mercados.

Portanto, visamos elaborar não só um texto sobre a estratégia do setor de energia e, especificamente, sobre a estratégia do setor de petróleo, mas, principalmente, sobre uma parcela da estratégia para o país. Todos os subsídios obtidos pelos autores, de cunho tecnológico, econômico e social, bem como o considerado racional sob ponto de vista estratégico e geopolítico, sedimentam nossas teses e a visão que, contrariando o mercantilismo como meio e fim para os anseios da sociedade, nos leva a ousar esposar um modelo alternativo, de real interesse da nacionalidade.

O desafio está posto, pois o Brasil precisa de energia para seus variados usos, como calor industrial e residencial, refrigeração, movimentação de motores, incluindo os dos meios de transporte, iluminação e tantos outros trabalhos e confortos exigidos por uma moderna sociedade. O bom para o país deve ser aquilo que é bom para a maioria da sociedade brasileira, sendo essa uma premissa básica. Os que não concordam com ela e acreditam que o país só precisa ser bom para sua elite ou deve permitir grande usufruto estrangeiro, quase sempre predatório, certamente depararão com novos argumentos, que, esperamos, os farão ter uma visão mais realista da crua realidade e das ameaças que, em futuro próximo, rondam a todos, independentemente das atuais benesses que a sorte lhes propicia.

O setor da energia, em se tratando de um seguimento da atividade humana que engloba pessoas e grupos com motivações diversas, torna imperativo que os aspectos políticos sejam considerados. Fazemos votos de que, alertados para o conteúdo do livro, nossos leitores nele encontrem o detalhamento, o encadeamento do raciocínio estratégico e as conclusões derivadas, sendo preciso esclarecer que elas estão espalhadas, propositadamente, ao longo do texto.

Estamos prontos para ouvir críticas, comentários, e até elogios. Não nos consideramos infalíveis e donos da verdade absoluta, mas ninguém conseguiu nos convencer, até hoje, de que nossas teses estão erradas. O palavrório dos "especialistas", coincidentemente sempre bem remunerados por grupos poderosos e que têm interesses contrários aos da sociedade; os discursos dos políticos aproveitadores de ocasião; a pressão de parte da mídia comprometida com interesses espúrios e a cantilena repetida à exaustão dos expositores do pensamento neoliberal jamais foram fundamentados e suficientes para nos fazer crer que estamos errados e que suas propostas visam o melhor para a nação brasileira.

Sugerimos usar o seu discernimento, leitor, pois não nos agradaria comprovar adesões só por emoção. Um enfoque distorcido, sobre tão importante tema, é apresentado, com freqüência, nos meios de comunicação. Uma outra visão é encontrada, esporadicamente, na mesma mídia, exigindo do leitor atento o esforço de quem procura "agulha no palheiro". Neste livro, buscamos mostrá-la de maneira condensada. Agora, a palavra é sua.

Introdução

Os hidrocarbonetos

E Deus disse: "Faça-se a Luz!". Esta citação bíblica do Antigo Testamento, superadas quaisquer vertentes religiosas, poderia simbolizar e sintetizar, para a humanidade, a primeira manifestação da energia no nascente Universo.

Teria sido esse o momento sublime do *big bang*, a grande explosão energética que a física moderna considera como o ponto inicial da grande expansão do espaço-tempo? O Universo, concluíram os cientistas, começou com uma colossal explosão, há cerca de 15 bilhões de anos, dando origem à energia, à matéria, ao espaço e ao tempo.

A grande nuvem de plasma, após alguns segundos de resfriamento, deu origem aos átomos mais simples – o hidrogênio e uma pequena porcentagem de hélio –, iniciando um acelerado processo de expansão e formação de glóbulos mais densos, que, pela ação da gravidade, compuseram os bilhões de galáxias conhecidas e suas incontáveis estrelas, verdadeiras fornalhas cósmicas, produzindo energia e expelindo a matéria primordial para a formação dos planetas. Nesse turbilhão cósmico surgiu o Sistema Solar, o nosso planeta Terra e os seres vivos.

O Sol, mesmo sendo uma modesta estrela de quinta grandeza, tem uma massa que representa 99,9% da massa de todo um sistema, constituído de cometas, asteróides e dos planetas com seus satélites, sendo aproximadamente um milhão de vezes maior que a Terra. Constituído basicamente de hidrogênio (60%) e hélio (40%), em um processo de fusão nuclear estabilizado, emite energia equivalente a 50 milhões de bilhões de toneladas de TNT por segundo, boa parte da qual assegura a existência dos seres vivos e da biomassa em nosso planeta.

Viemos do hidrogênio e, quem sabe, será o hidrogênio a alternativa energética que a tecnologia nos reservará para os próximos séculos, junto com a energia solar direta e alguns biocombustíveis, e complementando conhecidas fontes que já utilizamos, como o potencial hidráulico, o urânio e a energia eólica.

Até que nos cheguem essas sonhadas e decantadas novas soluções, a humanidade e nosso país, em especial, precisa ter consciência de um próximo cenário de escassez, aprendendo a preservar e explorar de forma racional e não poluente as jazidas fósseis, ainda disponíveis, que têm proporcionado a energia que movimenta o progresso e sustenta o bem-estar da insaciável sociedade industrial da nossa era.

A Terra, com existência aproximada de quatro bilhões de anos, é um agregado da poeira cósmica que, num processo conhecido como coalescência, se concentrou em torno de um núcleo mais denso. A matéria foi cada vez mais compactada pela ação da gravidade, comprimindo as camadas interiores e gerando calor. Esse efeito térmico, associado a emanações radioativas, deu origem a turbulências geológicas e erupções vulcânicas que, por milênios, revolvendo as camadas superiores do jovem planeta, propiciaram a formação das jazidas dos hidrocarbonetos, que a humanidade exploraria sob a forma de petróleo.

Apesar de o petróleo ter sido conhecido e utilizado pelas antigas civilizações, sendo chamado de betume, asfalto, alcatrão, lama etc., sua extração se processava em ocorrências espontâneas na superfície do planeta. Como fonte de energia e já na sociedade moderna, apenas o carvão era considerado, tendo sido a mola propulsora da Primeira Revolução Industrial, liderada pela Inglaterra no século XVIII.

Em 1854, um grupo de empresários financiou Benjamin Silliman, competente professor de química da Universidade de Yale, nos Estados Unidos, para um projeto de pesquisa que visava conhecer os reais potenciais de utilização do "óleo de pedra", como era designado o petróleo, para distingui-lo daqueles com origem vegetal e de gordura animal. Os empresários, liderados por George Bissell, vislumbravam que aquele óleo poderia ser explorado e processado como um fluido eficaz para os sistemas de iluminação, competindo vantajosamente com os "óleos do carvão", até então dominando o mercado. Com o sucesso da iniciativa, Bissell, mais que qualquer outro empreendedor, consagrou-se como o criador da moderna indústria do petróleo.

Deve ser reconhecida, também, a persistência de Edwin Drake, ex-ferroviário, mais conhecido como coronel Drake, que, tendo sido contratado por Bissell para perfurar o solo em regiões onde o petróleo aflorava, de modo a atingir o manancial para poder bombeá-lo, veio a perfurar o primeiro poço com petróleo em 1859, na localidade de Titusville, Pensilvânia, após razoável número de tentativas sem sucesso.

O revolucionário líquido superou as expectativas dos consumidores, fornecendo iluminação satisfatória e mais barata. Com os aperfeiçoamentos tecnológicos, a demanda pelo ouro negro cresceu vertiginosamente nos Estados Unidos e, em pouco tempo, chegou ao continente europeu. Novos produtos como a gasolina e o diesel permitiram melhor atendimento às exigências sociais e o desenvolvimento de novas máquinas de guerra, passando a constar dos manuais de estratégias que "petróleo é poder". Ele transformou a maneira de ser do cidadão, já no início do século XX, levando-o a ser considerado como "homem hidrocarboneto", tal o significado dos derivados do petróleo para a moderna sociedade.

A busca de novas jazidas, capazes de atender à crescente demanda e sustentar preços baixos para os exigentes consumidores em todo o mundo desenvolvido, aliada à possibilidade de auferir enormes lucros nos negócios com tão imprescindível mercadoria, tem sido a motivação primeira para a atuação de grupos gananciosos, associados a lideranças políticas inescrupulosas. Há mais de um século, a humanidade sofre nesse setor as conseqüências da corrupção, das violações de soberania e das guerras e, sendo os países mais pobres, paradoxalmente, alguns dos detentores das principais jazidas, transformaram-se nos alvos prediletos dessa moderna versão de pirataria.

Daniel Yergin,[1] em seu premiado livro (1), resume muito bem a importância estratégica do petróleo, ao destacar que,

> Por quase um século e meio, o petróleo vem trazendo à tona o melhor e o pior de nossa civilização. Vem se constituindo em privilégio e em ônus. A energia é a base da sociedade industrializada, E, entre todas as fontes de energia, o petróleo vem se mostrando a maior e a mais problemática devido ao seu papel central, ao seu caráter estratégico, à sua distribuição geográfica, ao padrão recorrente de crise em seu fornecimento – e à inevitável e irresistível tentação de tomar posse de suas recompensas. [...] O petróleo vem ajudando a tornar possível o domínio sobre o mundo físico. Ele vem tornando possível nossa vida cotidiana e, literalmente, nosso pão de cada dia, através de produtos químicos, agrícolas e dos transportes. Ele tem abastecido, ainda, as lutas globais por supremacia política e econômica. Muito sangue tem sido derramado em seu nome. A feroz, e muitas vezes violenta, busca pelo petróleo – e pela riqueza e poder inerentes a ele – irão continuar com certeza enquanto ele ocupar essa posição central. Pois o nosso é um século no qual cada faceta de nossa civilização vem sendo transformada pela moderna e hipnotizante alquimia do petróleo. A nossa continua sendo a era do petróleo.

1. Presidente do Cambridge Energy Research Associates (Cera).

Um cenário de incertezas

A análise de qualquer tema, fora do seu contexto geográfico, político e histórico, o reduz, invariavelmente, a argumentações, conceituações e conclusões simples e equivocadas. Dessa maneira, as condicionantes que envolvem a questão *petróleo* exacerbam argumentos particularistas, gerando, muitas vezes de forma propositál, análises desconectadas com a sua importância para os povos e sem destacar que se trata de um tema complexo, contendo interesses conflitantes e grandiosos para a vida em sociedade.

Assim sendo, sempre que forem divulgados fatos, como, por exemplo, que o barril de petróleo subiu US$ 2 em um dia, graças a uma greve de trabalhadores do setor petroleiro na Noruega, ou devido a problemas em uma refinaria nos Estados Unidos, ao inverno mais rigoroso no hemisfério norte, à retomada do programa nuclear iraniano, à queda-de-braço entre o governo russo e o empresário que arrecadou na privatização a maior petrolífera desse país, ou ainda devido a uma revolta militar na Nigéria, devemos ter a certeza de que esses fatos são simples gotas d'água em um contexto bem mais complexo. Versão mais verossímil foi dada por funcionário do *Department of Energy* (DOE) do governo americano, ao considerar que "Quando você está operando tão próximo da capacidade total, qualquer interrupção, seja real ou potencial, contribui para a alta dos preços".

Buscar explicar o que vem ocorrendo, nos últimos anos, no mercado do petróleo será um dos objetivos almejados, num diálogo franco e visando propiciar o entendimento com as variadas famílias de leitores, o que só será conseguido se o impacto com suas convicções ideológicas e formações técnicas for minimizado.

Primeiro, é importante considerarmos que o petróleo é finito, fato que os países grandes consumidores fingem desconhecer. Além de finito, a sua taxa de retirada do subsolo não pode acompanhar a ânsia do mercado, sendo definida por condições técnicas específicas. Essa última é uma realidade bem mascarada pelas grandes empresas petrolíferas privadas, que têm suas matrizes incrustadas nos países desenvolvidos, mas necessitam buscar petróleo no mundo periférico, para atender à demanda dos países de origem e justificar seus alegados estoques e, por conseqüência, a cotação de suas ações no mercado. Assim, falseando tão dramática realidade, pode-se prever a catástrofe que está por vir.

Por algum tempo ainda, algumas reservas serão adicionadas aos limitados estoques das poderosas petrolíferas transnacionais. Países grandes produtores e que têm sua produção pertencente ao Estado contabilizarão também algum acréscimo de reservas nesse período. Entretanto, é fácil constatar que a rota dos interesses das empresas e dos países produtores não é a da máxima segurança para a sociedade mundial, mas a do máximo lucro. Também deve ser observada a característica dos países exportadores de petróleo, em geral subdesenvolvidos, em contraste com os grandes e industrialmente desenvolvidos importadores, formando dois blocos, econômico e geograficamente distintos, com concepções políticas, sociais e religiosas conflitantes, em sua quase-totalidade.

Antevendo um futuro de incertezas, relativa ênfase vem sendo dada à questão do desenvolvimento tecnológico, objetivando obter substitutos para o petróleo, na esperança de poder oferecer à humanidade uma fonte de energia abundante e barata, fazendo renascer exuberância análoga à da época em que os usos do petróleo foram identificados e oferecidos à exaustão.

Além de todos esses fatores, persiste uma questão muito mal resolvida para os países subdesenvolvidos e detentores de estratégicas jazidas em seus territórios: "a quem pertencem os recursos naturais existentes na face da terra?". A resposta que brota espontaneamente é: "aos países onde estão localizados tais recursos". No entanto, com a desregulamentação das economias e a modificação dos arcabouços jurídicos de boa parte desses países, decorrentes de um distorcido modelo de globalização, de modo astuto impingido, nas últimas décadas do século passado, qualquer área do mundo, com raras e honrosas exceções, está à disposição de empresas transnacionais, ou seja, dos países desenvolvidos, para exploração dos seus recursos, desde que se cumpra um ritual compensatório, como o pagamento de algumas taxas. Conseqüentemente, sobressai a questão de como garantir que a riqueza existente em um país seja usufruída pela população local, como um pensamento humanitário nos leva a crer ser o justo encaminhamento, não se prestando de maneira simples a proporcionar lucros extraordinários para grupos nacionais e estrangeiros.

Em outras palavras, a soberania desses países tornou-se bastante limitada, com a implantação do modelo neoliberal e de ações decorrentes do Consenso de Washington. É imperioso lembrar também que, apesar da evolução nas tecnologias dos armamentos e das mudanças ocorridas nas estratégias militares, a posse de jazidas de petróleo, que viabilizem um suprimento continuado, ainda é fator preponderante para o sucesso nos confrontos bélicos.

Problemas paralelos do mundo atual também emolduram a questão do abastecimento de energia, como a existência de um país hegemônico e seus parceiros, praticando novas formas de dominação colonial, quer seja por meio de uma falsa política globalizante, associada aos conceitos neoliberais, ou mesmo através de clara intervenção militar, à revelia do direito internacional e da Assembléia das Nações Unidas.

Como agravante nesse cenário, destaca-se a falta de propostas alternativas, em especial da esquerda mundial, que depois da debacle da União das Repúblicas Socialistas Soviéticas (URSS) e do desvirtuamento da socialdemocracia, que tantos benefícios trouxeram para países do norte da Europa, submeteu-se passivamente aos ditames do neoliberalismo nas últimas três décadas. A praga neoliberal nada mais tem feito além de subordinar os países às imposições de um ente sem face chamado mercado, contribuindo para a queda em desgraça, nos países periféricos, do sentimento nacional, fazendo-o confundir-se com autoritarismo e atraso. Em decorrência, especificamente para o caso brasileiro, agravou-se a imensa dívida social, com humilhante e assimétrica distribuição de riqueza e renda.

Se analisar e propor alguma forma de ação para um país sobre a estratégica questão do abastecimento de energia, sob qualquer ponto de vista, já é uma tarefa difícil, analisar e propor um modelo viável, considerando-se todos os aspectos citados, torna-se uma tarefa eloqüente e desafiadora. No entanto, para que o interesse coletivo seja observado e preservado, com o sucesso das propostas, a geração de modelos e soluções vencedoras só poderá ocorrer conscientizando-se a sociedade e estimulando-se um sadio debate, em seus variados segmentos.

É com a visão ampla dessa complexa conjuntura que julgamos oportuno analisar o abastecimento de energia para o Brasil e suas implicações para a sociedade, abordando as políticas executadas nas últimas décadas e propondo algumas sugestões para o futuro. Aos companheiros dessa jornada, não se pensa sugerir soluções acabadas e provadas, restando aos autores a sensação de meta atingida, se os leitores chegarem ao final do livro reconhecendo o grau de complexidade existente na área energética e de petróleo, em especial sua importância estratégica e seu significado em termos de progresso, riqueza e soberania para o povo brasileiro.

1

Breve histórico sobre energia e soberania

Analisando o passado com um horizonte de cerca de cinco décadas – o máximo que um ser humano consegue vislumbrar com sua própria vivência e alguma ajuda da memória contida na História –, o setor energético nacional sempre foi considerado por líderes de diversas tendências, salvo exceções recentes, como estratégico para o desenvolvimento do país, e, nele, esperanças da sociedade foram depositadas para que gerações futuras pudessem usufruir dias melhores.

A disputa pelo controle das jazidas de petróleo, entre o Eixo e os Aliados, durante a Segunda Guerra Mundial, foi crucial para a definição do vencedor. A afirmação de lorde Curzon[2] a respeito de que "a vitória dos Aliados flutuou sobre uma onda de petróleo" é conhecida. Winston Churchill, no período em que era o primeiro-lorde do Almirantado Britânico, cargo anterior ao de primeiro-ministro, posicionou-se favoravelmente pela substituição do carvão mineral por derivado de petróleo para mover a Armada da Grã-Bretanha porque era um combustível mais eficiente, garantindo assim a permanência do seu país no controle das rotas marítimas. O derivado de petróleo permitia aos navios atingirem maior velocidade, ocupava menor espaço e era de mais fácil manuseio quando comparado com o carvão.

Além dessa aplicação, no início do século passado, inclusive durante a Primeira Guerra Mundial, as Forças Armadas come-

2. Membro do Gabinete de Guerra Britânico durante a Primeira Guerra Mundial.

çaram a utilizar caminhões, tanques e trens movidos a derivados de petróleo. Com relação à aviação militar, foi imprescindível a existência dos derivados.

Estrategistas militares asseguram que as invasões da União Soviética e do norte da África pelos exércitos alemães tinham, como um dos principais objetivos, o controle dos campos de petróleo no Cáucaso e no Oriente Médio. No capítulo escrito pelo economista Ernani Torres[3] no livro *O poder americano* (2), a importância do petróleo como elemento de definição do poder militar é tratada em detalhe. Nos dias atuais, excetuando a força naval que, em alguns países, tem muitos navios e submarinos a propulsão nuclear, as demais forças continuam, na quase-totalidade, dependentes dos derivados de petróleo.

Em 1945, os Estados Unidos saíam da Segunda Grande Guerra como potência mundial, se reduzia o brilho da hegemonia inglesa no mundo, novos ventos de liberdade circulavam mundo afora e, com uma Europa dilacerada pelo sangrento conflito, suas remanescentes colônias, no terceiro mundo, viriam logo a conseguir as respectivas independências.

Nesse ambiente de renovação pós-guerra, emerge outra grande nação, a União Soviética, que desde o início do século XX buscava se firmar no cenário internacional e na qual tinha sido implantado, havia algumas décadas, um sistema comunista de organizações política, institucional, econômica e social.

Com esses dois pólos de poder, nasce uma divisão ideológica, militar, econômica e política no mundo, passando a imperar a chamada Guerra Fria, numa competição pela produção de armamentos, desenvolvimento tecnológico, apropriação de recursos naturais, inclusive petróleo, além de outros segmentos de interesse do poder.

---

3. Professor do Instituto de Economia (IE) da Universidade Federal do Rio de Janeiro (UFRJ).

Apesar do perigo iminente de uma Terceira Guerra Mundial, foi uma época de conquistas para a maioria dos países subdesenvolvidos, pela adoção de uma estratégia pendular, como forma de conseguir concessões das duas grandes potências, que tinham receio de perder aliados.

Aproximadamente de 1945 até a década de 1970, ocorreu um período áureo para a maioria dos países da América Latina, chamado *período do desenvolvimentismo*, sendo que a década de 1970 encontrou o Brasil crescendo a taxas espetaculares. Cabe ressaltar que o período de 1945 até a década de 1970 foi áureo, também, para o capitalismo mundial, pois as taxas de desenvolvimento dos países centrais foram substanciais, em parte, graças à disponibilidade de petróleo, uma fonte de energia eficiente e barata no período. Por tudo isso, alguns historiadores chamam essa época de *a era de ouro do capitalismo mundial.*

Nos dois governos Vargas, foram criadas as bases do desenvolvimento do setor mineral e energético brasileiro. Em sua primeira fase, chefiando a vitoriosa Revolução de 30, Vargas introduziu novos conceitos de gestão e planejamento, visando consolidar o Estado e a nação brasileira, até então polarizada por disputas políticas e econômicas restritas ao eixo Rio–São Paulo, mesma época em que existia a aliança política eleitoral entre São Paulo e Minas Gerais, conhecida como a política do café-com-leite. A Constituição de 1934, elaborada pela Assembléia Constituinte, convocada por Getúlio após a Revolução Constitucionalista de 1932, consolidou uma legislação nacionalista, revogando os preceitos liberalizantes da Constituição de 1891. Seu artigo 5º estabelecia: "Compete privativamente à União legislar sobre: bens de domínio federal, riquezas de subsolo, mineração, metalurgia, águas, energia hidroelétrica, florestas, caça e pesca e sua exploração". (2a)

No artigo 118, era fixado que "As minas e demais riquezas do subsolo, bem como as quedas d'água, constituem propriedade distinta da do solo para o efeito de exploração ou aproveitamento industrial", e o artigo 119, com seus quatro parágrafos, enfeixava nas mãos do Estado todos os poderes para autorizações e concessões, complementando no parágrafo 4º que "A lei regulará a nacionalização progressiva das minas, jazidas minerais e quedas d'água". Daí resultou o Código de Minas e o Código de Águas, tendo à frente do Ministério da Agricultura o general Juarez Távora, o qual, mais tarde, seria vaiado em uma Assembléia do Clube Militar, ao se manifestar contrário ao monopólio estatal do petróleo.

Em 1947, como senador da República, Getúlio voltaria a se engajar na luta em defesa do monopólio, tendo afirmado, em discurso no Plenário do Senado, que "em matéria de petróleo, tudo o que a nossa imaginação sugerir é pouco em face do que pode acontecer", vindo a criação do monopólio estatal do petróleo e da Petrobrás ocorrer em 3 de outubro de 1953, com a sanção do Projeto, pelo então presidente Getúlio Vargas, transformando-o na Lei nº 2.004, que durante mais de 40 anos foi a base legal necessária para o crescimento do setor de petróleo no país.

O documento contou também com a assinatura de destacados líderes, como os ministros Tancredo Neves, Renato Guilhobel, Cyro do Espírito Santo Cardoso, Vicente Rao, Oswaldo Aranha, José Américo, João Cleofas, Antônio Balbino, João Goulart e Nero Moura, tendo correspondido a um momento máximo de nacionalismo e de consciência social da elite política brasileira, inclusive a ponto de o Projeto de Lei, que deu origem ao monopólio estatal, ser apresentado pela União Democrática Nacional (UDN), um partido conservador, demonstrando serem compatíveis posições conservadoras e sentimentos nacionalistas, desde que predomine uma visão patriótica, com preocupação social, e os interesses nacionais estejam acima das facções ideológicas e político-partidárias.

Ao término da Segunda Grande Guerra, na fase final do primeiro governo do presidente Vargas, o Brasil já se encontrava engajado em um projeto nacional de desenvolvimento e de busca de soberania, continuando com períodos de maiores ou menores identificações nacionalistas. O impulso desenvolvimentista dos governos Vargas e Juscelino teve suas metas maximizadas nos governos militares, sendo o do general Ernesto Geisel de forte cunho nacionalista. Nossa história tem demonstrado não haver solução para um satisfatório bem-estar social do povo brasileiro se não existir um projeto nacional de desenvolvimento e de poder, representando não só uma bandeira com sentimentos apoiados pela sociedade, mas, principalmente, um modelo de gestão da causa nacional, que vise trazer benefícios econômicos para o país, a serem revertidos para toda a sociedade, e não só para uma elite privilegiada.

A campanha *O Petróleo É Nosso*, ou simplesmente a campanha do petróleo, entre os anos 1947 e 1953, correspondeu a uma das maiores mobilizações populares já ocorridas no Brasil e contou com a liderança de grandes vultos nacionais da época, incluindo forte participação de militares, sindicalistas e estudantes, tendo servido para induzir algumas correntes políticas, inclusive o governo, a aceitarem a tese do monopólio estatal do petróleo e da criação da Petrobrás. À medida que os principais órgãos da imprensa não davam acesso às teses nacionalistas, e dentre eles destacavam-se os *Diários Associados* de Assis Chateaubriand, seguindo os grandes grupos empresariais e bancários, houve necessidade de se utilizar outros métodos de mobilização da sociedade, como através de palestras e comícios nas principais cidades brasileiras. O Partido Comunista Brasileiro (PCB) ajudou nessa fase de mobilização. Não estaríamos sendo justos se não lembrássemos a figura memorável de Monteiro Lobato, com sua capacidade de escrita, na luta pela comprovação da existência de petróleo em território nacional, uma luta anterior à própria campanha do petróleo, tendo ido, inclusive, para a prisão pelas críticas à condução inicial do governo Vargas sobre essa questão.

O grupo que liderava o movimento, composto de entidades e personalidades como o Clube Militar, o Centro de Estudos e Defesa do Petróleo e da Economia Nacional (CEDPEN) e o general Horta Barbosa – que presidia na época o Conselho Nacional do Petróleo (CNP) –, além de outros líderes, tinha a mesma preocupação existente nos dias atuais, do petróleo nacional descoberto por multinacionais ser exportado, ocasionando o desabastecimento do país em momento posterior. Assim como no passado, essas empresas não se submetem a vir para o país, hoje, se não puderem exportar o petróleo descoberto.

Esse movimento é soberbamente descrito pela doutora Maria Augusta Tibiriçá Miranda, em seu livro de nome idêntico ao do movimento (3). Em respeito aos que, muitas vezes, enfrentaram dificuldades para poderem se dedicar à nobre causa, sem usufruto pessoal algum, só pelo desejo de contribuir para uma sociedade melhor, citaremos alguns poucos nomes, com a certeza de estarmos cometendo injustiças ao esquecermos de muitos outros patriotas relevantes. Pedindo desculpas antecipadas e sem existir uma ordem de importância, lembramos de general Horta Barbosa, ex-presidente Artur Bernardes, generais Artur Carnaúba, Felicíssimo Cardoso e Raimundo Sampaio, deputados Euzébio Rocha e Café Filho, senador Abel Chermont, doutor Nicanor Nascimento, comandante Alfredo de Moraes Filho, engenheiro Horta Barbosa, professor Henrique Miranda, engenheiro Hugo Régis dos Reis, líder de movimentos sociais Alice Tibiriçá, doutora Maria Augusta Tibiriçá Miranda, deputados Lobo Carneiro, Flores da Cunha, Roberto Silveira e Domingos Velasco, generais Antonio José Henning, Leônidas Cardoso, Teixeira de Vasconcellos e Estilac Leal, coronel Rui Moreira Lima e jornalistas Rafael Correa de Oliveira, Matos Pimenta, Gentil Noronha e Nilo da Silveira Werneck.

Por algumas décadas, o povo brasileiro testemunhou governos sob a orientação de um projeto de nação soberana e com firme posição no cenário internacional, objetivando, principalmente, o bem-estar de toda a sociedade – uma visão maiúscula e bem diversa daquela dos dirigentes que apareceram a partir dos anos 1990 e que assumiram um projeto submisso e periférico, além de condicionado aos interesses dos países centrais e do capital espoliativo e apátrida, não havendo possibilidade de existir real desenvolvimento social.

A postura de estadista pode ser atestada em líderes como Getúlio Vargas, por exemplo, quando condicionou a entrada do Brasil na Segunda Grande Guerra, entrada esta que seria inevitável, ao recebimento de uma siderúrgica pelo país, concretizado com a implantação da Companhia Siderúrgica Nacional (CSN). A criação do Banco Nacional de Desenvolvimento Econômico (BNDE) remonta a essa época, mostrando a preocupação com o planejamento e o crescimento do país. A visão estratégica de futuro e a preocupação com o interesse maior da nacionalidade era uma constante, nessa época, haja vista a luta do almirante Álvaro Alberto para desenvolver o setor nuclear no país, com pesquisadores e engenheiros nacionais que passaram a conhecer a tecnologia e aqui implementaram seu desenvolvimento. Nessa época, o almirante formulou a tese das "compensações específicas", que veio a ser utilizada pelo governo brasileiro e obrigava o Brasil a só exportar material radioativo existente no território nacional se recebesse em troca treinamento de pessoal e tecnologia da área nuclear.

Igual posicionamento ocorreu no setor aeronáutico quando, sob a liderança do brigadeiro Casimiro Montenegro Filho, foi concebido um centro de pesquisas nucleado em torno de uma avançada escola de engenharia, de modo a assegurar a realização de um desenvolvimento auto-sustentado e cujos frutos viessem a se estender ao nascente parque industrial brasileiro. Em 1949, nas instalações da então Escola Técnica do Exército, hoje Instituto Militar de Engenharia (IME), no Rio de Janeiro, começavam as aulas para a primeira turma escolhida por concurso, que já no ano seguinte chegaria a São José dos Campos, São Paulo, para se integrar ao recém-criado Instituto Tecnológico da Aeronáutica (ITA), no *campus* do modelar Centro Técnico Aeroespacial (CTA). Em um país com uma infra-estrutura industrial mínima e incapaz de fabricar sequer bicicletas, iniciava-se a formação de engenheiros aeronáuticos altamente qualificados, seguidos por novas especializações em eletrônica, mecânica e infra-estrutura aeronáutica, fato que dava início aos meritórios trabalhos que granjearam o reconhecimento nacional como um dos fenômenos indutores do moderno desenvolvimento tecnológico no Brasil

Remonta a essa época a decisão de construir hidroelétricas no país em detrimento da construção de termoelétricas a óleo combustível, por prevalecer uma visão estratégica e soberana. As térmicas requeriam um investimento menor e o combustível era muito barato, à época. Pesou em favor dos aproveitamentos hidráulicos o fato de não depender de insumo então importado e, também, de gerar energia elétrica barata.

Nesse período, ocorreu também a decisão não tão iluminada, sob o ponto de vista estratégico, de desenvolver rodovias no país em detrimento de ferrovias, ou portos e navios, que permitissem o transporte de cabotagem. No entanto, mesmo dentro da decisão tomada, não preferencial para o transporte de carga no Brasil, houve a preocupação de que a indústria de equipamentos rodoviários, como caminhões, *trailers*, cavalos mecânicos etc., fosse implantada no país.

No período do estrategista e líder político presidente Juscelino Kubitschek consolidou-se, sem sombra de dúvida, enorme desenvolvimento, em que pesem os questionamentos quanto à entrada excessiva de capital estrangeiro no país, inibindo algumas indústrias nacionais, que poderiam ter crescido mais à época. Por outro lado, argumenta-se que, apesar da entrada firme de capital estrangeiro, não se perdeu o controle dos setores econômicos primordiais, continuando a existir um projeto de nação soberana. Enfim, ocorreu algo parecido com o que acontece na China dos dias atuais, onde se pode investir, livremente, desde que o governo chinês seja sempre sócio minoritário. Com isso, o governo exige uma série de benefícios para o país e deixa o capital estrangeiro produzir o que quer, com a tecnologia que deseja, pagando os salários locais, que são bem inferiores aos que as mesmas empresas pagam em seus países de origem, remeter lucros etc. Devido a essas informações, pode-se dizer que o modelo de atração do capital externo depende da fase de desenvolvimento em que se encontra o país.

Juscelino promoveu grande avanço na industrialização e na construção da infra-estrutura do país. Lançou seu Plano de Metas, que englobava realizações nas áreas de energia, transporte, indústrias de base, produção de automóveis, agricultura, educação, além de outras. Iniciou a marcha para o Oeste, com a construção de Brasília, que representa sua visão máxima de estrategista. Atraiu vários fabricantes de automóveis, como Volkswagen, General Motors, Willis-Overland, DKW, Renault e Simca, e a indústria de autopeças. Expandiu a malha rodoviária, com destaque para a estrada Belém–Brasília; construiu grandes obras hidroelétricas, como Furnas e Três Marias; e expandiu a indústria naval.

Nos países periféricos e mesmo em alguns dos países centrais, durante o período do pós-guerra, à medida que o capital privado não se dispunha a investir em algumas situações, por considerar os investimentos como de risco ou de longo prazo de maturação, a solução estatal foi utilizada com sucesso, impulsionando setores essenciais para o desenvolvimento do país. As matérias pagas nos meios de comunicação procuraram ofuscar ou desmerecer esse feito das estatais, principalmente na época em que queriam privatizá-las a qualquer custo, permitindo enorme transferência de riqueza pública para setores privados.

No Brasil, a implantação da Empresa Brasileira de Telecomunicações (Embratel), das Centrais Elétricas Brasileiras (Eletrobrás), da Companhia Vale do Rio Doce (CVRD), da Empresa Brasileira de Pesquisa Agrícola (Embrapa), da Empresa Brasileira de Aeronáutica (Embraer) e de muitas outras representa um atestado inconteste do fenômeno indutor do desenvolvimento promovido pelo Estado.

Como símbolo maior dessas realizações e dos muitos benefícios para a sociedade, tem se destacado a Petrobrás. Na busca da auto-suficiência nacional, aceitou o desafio da migração para a plataforma continental brasileira, tornando-se pioneira, em nível mundial, no desenvolvimento da tecnologia *offshore* de exploração e produção de petróleo com grandes lâminas d'água, o que permitiu a expansão das reservas e da produção nacional.

Assim, o modelo econômico do Brasil incluía, de longa data, em alguns períodos com maior intensidade, além da participação direta do Estado na economia, em especial, pelas estatais, o privilégio às empresas nacionais de capital nacional e ao desenvolvimento tecnológico doméstico. Parte substancial da infra-estrutura existente no país foi construída nos 40 anos que vão de 1945 a 1985.

Mas existiram também programas apoiados pelo Estado com forte participação do empresariado nacional, como foi o Programa do Álcool. Em decorrência da crise do petróleo na década dos anos 1970, o governo federal determinou estudos na busca de alternativas para a redução das importações do produto, tendo o então Ministério da Aeronáutica, por intermédio do CTA, apresentado estudos e ensaios técnicos, já realizados pelo professor do ITA, Ernest Stumpf, demonstrando a viabilidade da mistura de até 20% de álcool anidro na gasolina, sem necessidade de modificações nos motores.

Com visão estratégica e determinação política, implantou-se no Brasil uma alternativa energética simples e econômica, benéfica para o meio ambiente, geradora de empregos no campo e na indústria, além de ser mais uma opção nacional para afastar a ameaça do desabastecimento nas imprevisíveis crises com que o setor petróleo, com freqüência, ameaça a humanidade.

O país, até a época, produzia o álcool como subproduto das usinas de açúcar e em volumes da ordem de 600 mil litros. Sob a coordenação da Secretaria de Tecnologia Industrial do então Ministério da Indústria e do Comércio, o CTA, após transferir para o parque industrial todas as informações sobre o combustível aditivado com etanol, deu início ao desenvolvimento dos motores a puro álcool, tendo operado frotas experimentais em todo o território nacional, que giraram cerca de 20 milhões de quilômetros, dando ao governo a segurança necessária para determinar a implantação do Proálcool.

Mais uma vez e sem quaisquer ônus, as empresas receberam todas as informações técnicas para a conversão e fabricação dos motores, sendo implantada a infra-estrutura adequada para assegurar o suprimento do novo combustível. No setor da agroindústria, a resposta foi surpreendentemente positiva, atingindo em curto período uma oferta acima de 10 bilhões de litros.

Com um arrojado trabalho científico, tecnológico e industrial, foram superadas metas de produtividade e redução de custos, passando o álcool, nos dias atuais, a ser ofertado aos consumidores abaixo do preço da gasolina, além de se ter tornado uma *commodity* preciosa no comércio internacional. Paralelamente, devido ao grande volume de produção, as usinas de açúcar e álcool passaram a gerar energia para suas caldeiras utilizando o bagaço da cana, bem como oferecendo a eletricidade excedente, de maneira comercialmente competitiva, para suprir as regiões vizinhas.

Voltando à análise do cenário internacional, nos anos 1960, os objetivos da política imperial dos Estados Unidos terminaram por levá-los ao envolvimento em conflitos de desgaste e humilhação perante as demais potências industriais e econômicas, com manifestos antagonismos, e a precipitar crises internas e o desencadeamento de manifestações de repúdio ao redor do mundo. A guerra do Vietnã, em especial, no contexto das muitas operações na Indochina, e a luta pelos direitos civis provocaram violentos distúrbios, inclusive raciais, em diversas cidades americanas, com elevados prejuízos materiais e a morte de dezenas de pessoas. No turbulento período da década de 1960, o mundo assistiu, estarrecido, aos assassinatos do presidente John Kennedy (1963), do pastor Martin Luther King (1968) e do senador Robert Kennedy (1968).

Enquanto a Guerra Fria continuava, no início dos anos 1970, o período do *welfare state* nos Estados Unidos, quando princípios de Keynes foram aplicados, tinha acabado. O desgastante e ineficaz conflito no Vietnã minava a poderosa economia ianque e, com a derrota, o país ficou perplexo, chegando alguns incautos a falarem do declínio do poderio norte-americano. O mercado internacional começou a mostrar apreensão pelo futuro da economia norte-americana, tendo crescido a troca de dólares pelo ouro das reservas do Tesouro, levando o outrora presidente Richard Nixon, após sucessivas desvalorizações da moeda, a determinar o fim da conversibilidade, em 1971, iniciando-se a fase da flutuação das moedas. Portanto, ocorreu, por interesse norte-americano, a revisão do sistema econômico internacional, instituído desde o acordo de Bretton Woods, em 1944, e que estabelecia o dólar como moeda de referência, lastreado nas reservas em ouro norte-americanas.

Com o dólar desvalorizado, os países membros da Opep decidiram corrigir acentuadamente o valor do barril, em dois momentos, 1973 e 1979, transformando o Oriente Médio no foco das atenções dos países mais industrializados – até então preocupados com as hipotéticas ameaças do comunismo internacional – e em importante ator no âmbito do sistema econômico internacional. Os países árabes, com seus volumosos saldos em dólares depositados em bancos europeus, os chamados *petrodólares*, trouxeram grande liquidez ao mercado mundial, estimulando a oferta de empréstimos, a juros reduzidos, aos países do terceiro mundo, que identificavam no fato a redenção de sua economia subdesenvolvida.

A abundância desses recursos financeiros ocasionou, via de regra, graves surtos inflacionários nesses países. Também, em tais anos, os bens de alto conteúdo tecnológico produzidos pelos países centrais tiveram seus preços majorados na mesma proporção do preço do petróleo. Posteriormente, as taxas de juros dos empréstimos internacionais passaram a ser flutuantes, o que acarretou a explosão das dívidas dos países do terceiro mundo. Iniciava-se, dessa forma, na década de 1970, uma nova maneira de dominação, na qual as potências industriais – os Estados Unidos à frente – transferiam seus déficits da conta petróleo para os países mais pobres, valendo-se da reciclagem dos petrodólares e da concentração naqueles de oferta de produtos de alto conteúdo tecnológico.

Na América Latina, os movimentos políticos e ideológicos ocorreram como se fossem ondas que varreram nossos países, tendo as décadas de 1960 e 1970 se caracterizado pela existência de regimes autoritários no continente. O intenso endividamento citado dos países tomadores dos empréstimos acabou desorganizando seus sistemas econômicos, abrindo caminho para a imposição das políticas neoliberais nas economias. Como nos países industrializados, cujas economias eram dinamizadas pelo novo ciclo do capitalismo, prevaleciam mecanismos de proteção social, herdados do período do bem-estar social, as empresas transnacionais começaram a migrar para os Estados da periferia, onde poderiam produzir com menores custos e aumentar seus lucros, exportando mercadorias para os mais ricos. É dessa época a ilusória conceituação de que as empresas transnacionais trariam progresso e desenvolvimento tecnológico, além de oferecerem empregos em grande escala. O que se constatou, na realidade, em que pesem algumas limitadas vantagens, foi a intensa troca de serviços, partes e peças entre empresas de um mesmo grupo que, valendo-se da vulnerabilidade local, manipulavam preços e fictícios empréstimos entre matrizes e filiais, causando, enfim, prejuízos aos países hospedeiros e restringindo o uso de tecnologias e respectivo desenvolvimento fora das matrizes.

Nos anos 1960 e 1970, o setor estatal no Brasil cresceu muito, basicamente em setores de infra-estrutura, permitindo altas taxas de crescimento da economia. Sob o ponto de vista político, havia falta de debate e liberdade; no entanto, sob o ponto de vista econômico, o período fez parte da fase de ouro do desenvolvimento nacional, sem uma paralela e essencial distribuição de riqueza e renda, que é verdadeiramente o grande desafio nacional. O Brasil já demonstrou que consegue crescer economicamente; entretanto, crescer socialmente só vem ocorrendo em doses homeopáticas, razão da urgência na mudança dessa forma de modelo de desenvolvimento exclusivamente industrial visando exportação, desprezando o mercado interno, o pleno emprego, a pequena agricultura familiar e a indústria nacional, entre outras tantas medidas, que a simples lógica e a forma de atuação das economias mais avançadas recomendam ser seguidas.

Brotavam, nos anos 1980, com os governos Thatcher e Reagan, os pensamentos liberais, qual brasas que se reaqueciam graças a ventos soprados do início do século. O capitalismo internacional mostrava vitalidade ao rever-se, como se considerasse a debacle da União Soviética um fato esperado. Apesar do sucesso dos socialdemocratas na Europa, principalmente em países do norte, o Velho Continente também queria mudanças, por isso buscava o aprofundamento da sua união como maneira de se contrapor aos blocos econômicos e industriais americanos e asiáticos.

Por tudo que foi exposto, o Brasil foi o país que mais cresceu no mundo no período de 1900 a 1980, pois conseguimos transformá-lo, de um país de economia agrícola e atrasado, em um país industrializado, a oitava economia do mundo, e, embora persistam os graves problemas sociais e de desequilíbrios regionais, sob o ponto de vista econômico é uma nação razoavelmente desenvolvida.

Em 1985, o Brasil ainda vivia uma espécie de "inércia de desenvolvimento", apesar de já ter atingido um importante nível de realizações de infra-estrutura, todas construídas, praticamente, a partir do término da Segunda Guerra. O país possuía um conjunto razoável de grandes e médias hidroelétricas, como Itaipu, Tucuruí, Marimbondo, Ilha Solteira, Itumbiara, Xingó, Paulo Afonso, Furnas, Três Marias, Rio Grande e tantas outras; começava a ter sucesso com a migração da exploração de petróleo para a plataforma continental; havia implantado o estratégico e inovador Programa Nacional do Álcool e o de conservação de energia; construía unidades do Acordo Nuclear com a Alemanha; estava desenvolvendo o programa nuclear autônomo; expandia a fronteira agrícola e dominava técnicas para o cultivo eficiente do cerrado; havia implantado uma moderna indústria de materiais aeronáuticos e de defesa; tinha criado um extenso complexo de telecomunicações que integrava todo o território nacional, além de inúmeras outras iniciativas de desenvolvimento.

Em anos seguintes, como nova onda continental, a totalidade dos países da América Latina, com exceção de Cuba, aderiu ao regime democrático que, por si só, representaria a salvação para todos os males. Lideranças caricatas, comprometidas com o capital internacional e sob forte apoio de uma mídia tendenciosa, promoveram verdadeira "lavagem cerebral" na população e conquistaram o poder pelo voto, apropriando-se dos instrumentos da máquina administrativa para realizar programas de privatização de empresas do Estado e a desregulamentação da economia, e ainda combater a inflação e aceitar as teses neoliberais e globalizantes; enfim, seguiram as diretrizes do Consenso de Washington. Tudo isso endossa o argumento de que os movimentos da América Latina são planejados e decididos fora do bloco, muito provavelmente naquele grupo de países desenvolvidos e hegemônicos que usufrui do atraso dos países da periferia.

Na mesma época, a política de substituição de importações passou a ser execrada, não se buscando aperfeiçoá-la, nem reconhecer a importância do instrumento e a sua demonstrada eficácia. A desregulamentação do novo modelo incluía, sem criatividade alguma, a quebra de barreiras à importação, sem ser relevante o quanto de desemprego e falência representava.

No início dos anos 1980, o país dispunha de um grande número de estatais, empresas privadas genuinamente nacionais e subsidiárias de empresas estrangeiras, todas contribuindo para a expansão da economia brasileira. Em situações específicas, a participação das empresas estrangeiras é primordial, como, por exemplo, quando elas são as únicas detentoras da tecnologia necessária para um determinado setor ou quando suprem a demanda de produtos para os quais não existem empresas nacionais disponíveis para fazê-lo. Com esse modelo em prática, o Brasil conseguiu chegar no nível de desenvolvimento descrito e só a cegueira neoliberal da década de 1990 não quis enxergar esses fatos e as vantagens auferidas pelo país. Corrigir eventuais segmentos, como decorrência da própria evolução do parque nacional e do mercado, seria uma ação lógica e coerente, bem diversa da destruição do estratégico patrimônio arduamente consolidado pelo povo brasileiro, em benefício de imposições e interesses alienígenas e particularistas.

Notar que as estatais estratégicas são indispensáveis para qualquer projeto que vise o real desenvolvimento do país. Por essa razão, elas são facilmente identificadas como pertencentes a períodos com ênfase na soberania, dentro do complexo jogo do poder no contexto das nações. Nos anos do desenvolvimentismo, era bem mais fácil fazer o país crescer, aproveitando as brechas proporcionadas pela bipolaridade e, como conseqüência, implementando decisões estratégicas de real interesse para a nacionalidade. Se quiséssemos, hoje, assinar um acordo com qualquer país detentor da tecnologia nuclear, análogo ao que foi assinado em 1974 com a Alemanha, não iríamos conseguir, porque o país não iria querer ou não poderia assiná-lo, e o Brasil seria provavelmente constrangido a se submeter aos costumeiros bloqueios internacionais, como denunciava, já nos anos 1970, no plenário das Nações Unidas, nosso brilhante embaixador Araújo Castro, designando-os como "congelamento do poder mundial". (3a)

Desenhava-se o novo modelo do capitalismo globalizante e predador, buscando reforçar o poder das empresas transnacionais e a abertura dos mercados, mostrando uma máscara de integração entre as nações, respaldada por organizações internacionais da ONU, mas visando, sobretudo, uma nova e avassaladora forma de transferência dos recursos das economias periféricas para os grandes centros do poder mundial.

O Brasil, nesse vaivém dos acontecimentos nacionais e internacionais, é reconhecido como detentor de um histórico de planejamento, inclusive energético, que não pode ser abandonado, apesar do interesse e ação de alguns grupos para que isso aconteça. Na década de 1970, o escritor Servant-Schreiber, em

(4),[4] expressou seu pensamento crítico dizendo que o que lhe causava mais surpresa, com relação aos países em desenvolvimento, não era a escassez de recursos para ativar a economia e realizar o desejado desenvolvimento social, e, sim, o fato de eles serem mal-alocados ou perdidos, sendo escassos, por incompetência ou dolo. O autor não se tornou tão célebre, mas esse pensamento sintetiza, realmente, um dos males existentes nos países subdesenvolvidos.

No início da década de 1970, quando era ministro de Minas e Energia o professor Antonio Dias Leite, o governo brasileiro contratou, junto a um consórcio composto de três consultoras nacionais, o estudo da Matriz Energética Brasileira, que teve o mérito de ser o primeiro a mostrar o fluxo de energia no país em determinado ano, desde a captação ou produção da fonte primária até o consumo de fontes e formas energéticas junto aos setores consumidores de energia. O referido estudo procurou também fazer projeções de demanda e produção de energia, mas este não foi o seu ponto forte, até porque, em 1973, ocorreu o primeiro choque do petróleo, que mudou algumas das premissas utilizadas nas projeções.

Na década de 1970 também começou a ser publicada pelo Ministério de Minas e Energia (MME) a série estatística da produção, importação, exportação, transformação, transporte, distribuição e consumo das diversas fontes e formas de energia. Essa publicação recebeu o nome de *Balanço Energético Nacional* (BEN) e sua última edição, datada de 2005 (5),[5] contém séries históricas desde 1970 até 2004, o que permite a realização de estudos por professores e técnicos do setor. O levantamento estatístico foi interrompido, durante um período da fase neoliberal,

---

4. O autor fez previsões catastróficas para a Europa nesse livro, e foi criticado com razão, como, hoje, bem sabemos.
5. Disponível em www.mme.gov.br.

"por ser desnecessário ao país", segundo a afirmativa da época, mas, posteriormente, foi retomado.

Após o segundo choque do petróleo, em 1979, quando o país importava 85% da sua necessidade desse estratégico produto, por determinação do ministro das Minas e Energia, o engenheiro César Cals, foi elaborado o Modelo Energético Brasileiro, rico em diretrizes e definições de linhas de ação para o setor energético. Nessa época, também, um grupo de trabalho foi constituído, no âmbito daquele Ministério, com o objetivo de adaptar, para as condições brasileiras, o modelo matemático Markal (*Market alocation*), desenvolvido na Alemanha, para alocação de fontes e formas de energia às necessidades de expansão do mercado consumidor. O grupo de trabalho chegou a bom termo e disponibilizou para uso o modelo adaptado às nossas condições, o qual, infelizmente, foi muito pouco utilizado.

A inusitada ojeriza a tais instrumentos técnicos se explica, porque nesses planejamentos deixam-se à mostra os prós e contras das opções energéticas, sob os pontos de vista econômico, social, tecnológico e ambiental, e os procedimentos não levam em consideração aspectos políticos que, muitas vezes, conduzem a decisões exatamente contrárias àquelas por eles indicadas. Algumas vezes, o tomador de decisão do setor energético não quer que a pouca atratividade de uma opção energética, que está sendo adotada por influência política, fique aparente, e o planejamento energético iria comunicar essa incoerência. Assim sendo, o planejamento transparente e democrático pode dificultar a consecução de interesses políticos e partidários de determinada facção.

Nas décadas de 1970 e 1980, e no início da de 1990, a expansão do setor elétrico era determinada pelos Planos 90, 92, 95, 2000, 2005 e 2010, realizados pela Eletrobrás, que continham alto grau de sofisticação. Com as privatizações, esses planos ainda poderiam ser realizados com adaptações nos seus objetivos, pois muitas atividades do setor passaram a ser de responsabilidade dos agentes privados, mas acabaram sendo abandonados. Em março de 2006, foi lançado o Plano Decenal de Expansão de Energia Elétrica pela recém-criada Empresa de Pesquisa Energética (EPE), da estrutura do MME, dando seqüência aos históricos estudos do setor elétrico.

No setor de combustíveis, como a Petrobrás continuou grande, apesar dos esforços do modelo neoliberal para reduzir seu porte e sua margem de ação, o planejamento do suprimento nacional nunca chegou a sofrer grande interrupção. São conhecidos os planos estratégicos da empresa, sempre voltados para o atendimento da demanda nacional.

Essa sucinta mostra retrospectiva demonstra que a atividade de planejamento energético no Brasil existe de longa data e, apesar da visão distorcida do modelo liberalizante ter procurado destruí-la, ela persiste, tendo sido reforçada com a criação da Empresa de Pesquisa Energética (EPE), que terá grandes trabalhos a realizar.

A Constituição de 1988 e a fase neoliberal

Em meados dos anos 1980, começaram a ocorrer no país os reflexos da retomada de posições de poder do capitalismo internacional, misturados com alguns problemas domésticos nossos. Na tentativa de minimizar os aspectos negativos decorrentes de um aumento desenfreado de preços na economia, segurou-se o preço da energia para conter a inflação, uma vez que o Estado era o grande produtor, acarretando prejuízo para as empresas energéticas e a chamada *conta petróleo*, que absorvia a diferença de preço entre o barril de petróleo comprado no exterior e o valor que servia de base para cálculo dos preços dos derivados, aumentava sem perspectiva de solução. Esses e outros problemas – como subsídios para o álcool e a energia de regiões distantes, o uso das empresas elétricas estatais, principalmente estaduais, para arrecadação de fundos de campanhas políticas, a utilização de empresas energéticas estatais para o clientelismo, obras superfaturadas, a retração dos financiamentos externos para obras hidroelétricas –, não enfrentados corajosamente e do modo mais adequado para a sociedade, inviabilizaram, na prática, o modelo energético que tanto desenvolvimento tinha impulsionado no passado.

Com o advento da Constituição de 1988, foi introduzida a obrigação de licitar os potenciais hidráulicos e foram eliminados os impostos únicos e empréstimos compulsórios para energia; enfim, foram excluídos os mecanismos de financiamento das obras de infra-estrutura energética, planejadas para serem construídas pelo Estado. Por outro lado, a Constituição de 1988 tinha aspectos positivos, que foram emendados na fase neoliberal, como o privilégio à empresa genuinamente nacional, a proteção ao setor petrolífero estatal, além de outros.

A nova face que se configurava para os Estados nacionais periféricos viabilizou-se, em especial, com o cenário armado no fim dos anos 1970 e o início dos 1980, caracterizado pela escassez planejada de recursos para os países em desenvolvimento, que haviam se endividado com a oferta abundante de capital no mercado internacional, inclusive com taxas de juros baixas e fixas. Prisioneiros de um modelo de desenvolvimento dependente do capital alienígena, foram obrigados a rolar essas dívidas com papéis de juros flutuantes, que se mantiveram altos por um bom período, causando a explosão de suas dívidas. A partir desse momento, eles passaram a ter o grau de liberdade para as decisões internas reduzido, já que foram obrigados a recorrer, em condição desfavorável, ao Banco Mundial e ao Fundo Monetário Internacional (FMI), que lhes impuseram as regras neoliberais na economia e uma distorcida forma de globalização, destinada a beneficiar seus controladores, os países centrais, como pré-requisito para obtenção de empréstimos.

Dessa maneira, os dois prepostos do capitalismo internacional buscaram desmantelar o Estado nacional em cada país da periferia, a pretexto de reduzi-los ao mínimo tamanho, sob o falso argumento de que esse novo modelo iria beneficiar a sociedade local, quando o que se desejava, na verdade, era beneficiar os grandes grupos privados internacionais, bem como aqueles nacionais inseridos nas regras do sistema. No que se refere ao Brasil, somando-se a esses objetivos econômicos e financeiros, desejava-se também tolher o crescimento de um candidato a hegemone e eventual concorrente, no médio e longo prazos, do atual ator do modelo imperial, que tem forte confluência de interesses com o capitalismo internacional.

Dessa forma, nesse mundo em que o capital internacional domina a política dos Estados Unidos e de outros países da Organização para a Cooperação e Desenvolvimento Econômico (OCDE),[6] não existe, teoricamente, muita possibilidade de contestação por parte dos subdesenvolvidos que, com poucas exceções, têm se submetido totalmente ao receituário descrito, com tristes resultados, agora reconhecidos e até criticados por alguns dos antigos e falsos "sábios de conveniência", da economia internacional.

Igualando-se, de maneira humilhante, a pequenos e inviáveis Estados periféricos e inserido irresponsavelmente nesse processo de perda da soberania, o Brasil teve que assinar tratados internacionais que lhe eram prejudiciais e discriminatórios, como é o caso do Tratado de Não-Proliferação Nuclear (TNP), bem como modificar toda a regulamentação da economia, de forma a retirar

6. Congrega, basicamente, os países mais ricos do mundo: Alemanha, Austrália, Áustria, Bélgica, Canadá, Coréia, Dinamarca, Espanha, Estados Unidos, Finlândia, França, Grécia, Holanda, Hungria, Irlanda, Islândia, Itália, Japão, Luxemburgo, México, Noruega, Nova Zelândia, Polônia, Portugal, Reino Unido, República Checa, Suécia, Suíça e Turquia.

qualquer proteção à empresa nacional de capital nacional e privilegiar subsidiárias estrangeiras em qualquer setor como se fossem nacionais. Reduziram-se as alíquotas de proteção aos produtos nacionais, permitindo a competição de nossas empresas com fortes grupos do exterior. Garantiu-se a não-adoção de qualquer política industrial ou comercial restritiva ao capital estrangeiro. Prometeu-se a não-utilização de qualquer tipo de controle sobre investimentos, remessas de lucros e dividendos e o movimento de capitais. Prometeu-se, também, a automática elevação da taxa interna de juros, em caso de perda de reservas ou aumento da inflação, e permitiu-se ao FMI ter o controle "informal" das nossas políticas monetária e fiscal. A taxa básica da economia e o superávit primário altos advieram dessa maquiavélica estratégia de controle.

Como conseqüência, a maioria das empresas genuinamente nacionais foi vendida para estrangeiros ou faliu, enquanto mais empresas com matriz no exterior se instalaram no país e se apropriaram do nosso mercado interno e de exportação. Como o processo de privatização no Brasil não se preocupou com a desnacionalização da economia, o contrário do que ocorreu com as privatizações nos países economicamente desenvolvidos, como a França, por exemplo, a maioria das estatais vendidas foi comprada por grupos do exterior e, o que é mais estranho, com financiamento do nosso banco de desenvolvimento, o Banco Nacional de Desenvolvimento Econômico e Social (BNDES), gestor dos recursos do Fundo de Amparo ao Trabalhador (FAT). Configurou-se, de forma leviana, para não dizer o mais óbvio, um desvio da poupança nacional para financiar predatórios grupos do poder econômico internacional.

No setor de serviços, atividades sem nenhum conteúdo tecnológico, como a operação de supermercados, por exemplo, passaram a ter participação de empresas estrangeiras, com todos os danos e ganhos comparativos para o país, cujo total é francamente deficitário. Sob essa questão, o economista Reinaldo Gonçalves[7] (6) tem estudo que dimensiona o grau de desnacionalização que ocorreu na nossa economia.

Para atender a um requisito do Banco Mundial e do FMI, foram criadas as Agências reguladoras setoriais, como órgãos de grande poder na estrutura do Estado, em todos os setores da economia, dos serviços e da produção, e que não são subordinados aos governos eleitos, logicamente subentendidos como responsáveis pela gestão da coisa pública. Os diretores das Agências não precisam prestar contas ao governo, pois, além de disporem de um mandato de longo prazo, uma vez aprovados pelo Senado Federal, foram escolhidos com forte influência das próprias empresas a serem reguladas no referido setor. Dessa forma, comportam-se, teoricamente, de maneira independente, mas em realidade, comprometidos, umbilicalmente, com as empresas, o que demonstra a falta de proteção dos reais interesses da nossa sociedade, uma vez que, assim agindo, as agências reguladoras têm como maior incumbência garantir estabilidade para os negócios das empresas.

O mundo assiste, há 30 anos, à perniciosa aplicação das teses neoliberais nas economias periféricas, acompanhada por uma hipotética política de globalização que, na realidade, tem se mostrado como um modelo adequado aos interesses do poder econômico internacional e altamente prejudicial aos mínimos interesses dos Estados que almejam um desenvolvimento com justiça social.

Bem retratando essa triste realidade estão as altas taxas de desemprego e a diminuição da atividade econômica, como um todo, nos países periféricos. A inflação foi contida; no entanto, as dívidas interna e externa cresceram, o desenvolvimento econô-

7. Professor do IE da UFRJ

mico não aconteceu, o desemprego aumentou, o índice de desenvolvimento humano permaneceu estagnado, a indústria local foi consideravelmente reduzida ou desnacionalizada, as atividades de engenharia e pesquisa praticamente acabaram e uma grande parte do lucro da produção nacional e da renda dos papéis do Estado foi remetida para o exterior.

Também para alguns dos países desenvolvidos, essas teses não têm dado resultados satisfatórios, uma vez que os grandes grupos, agentes do poder econômico internacional, buscando majorar seus lucros com o uso de incentivos e mão-de-obra abundante e de baixo custo nas mais variadas regiões do globo, estão contribuindo para as crises sociais e o desemprego em seus Estados de origem, sendo a Europa um claro exemplo da criatura se voltando contra o criador.

Mesmo os Estados Unidos, que tiveram um crescimento invejável durante quase uma década, representando uma ilha de prosperidade no mundo, em que pese ter se valido muito da situação do dólar como moeda de referência para subsidiar seus megadesequilíbrios orçamentários e sua monumental máquina de guerra, começam a dar demonstrações de exaustão, motivando trabalhos de intelectuais de renome, mostrando prenúncios de ocaso para o líder imperial do século XX, como pode ser lido em Moniz Bandeira[8] (7).

O Brasil, com uma situação política bastante consolidada e dotado de avantajado parque industrial e de serviços, apesar de vulnerável e sob forte ingerência externa, constituiu-se em um dos objetivos de maior interesse para a aplicação das teses neoliberais e da globalização alheia, ditadas no Consenso de Washington. Nas décadas de 1980 e 1990, assim como nos primeiros anos de 2000, com a ascensão de lideranças políticas comprometidas e o

8. Professor aposentado de História da Política Exterior do Brasil na Universidade de Brasília (UnB).

apoio de veículos da mídia cooptada, testemunhamos a economia desacelerando, nossas empresas falindo e nossas vidas degradando. Atualmente, ultrapassada a metade da primeira década de 2000, a luta dos empresários e dos trabalhadores, em grande parte, é a mesma, todos pleiteando por atividade econômica, aumento da produção, do faturamento, do emprego, melhoria salarial etc.

Nessa fase deprimente, as chamadas "décadas perdidas", para um país que já almejara ser potência e ocupar posição de destaque no cenário internacional, dava tristeza ver consultoras, que no passado trabalharam em grandes projetos de desenvolvimento, se esforçarem para ganhar concorrências do BNDES, perniciosamente orientadas, para desenvolver a modelagem da privatização de determinado setor, sabedoras de contar com pouca chance de sucesso, já que era requerida experiência nessa forma de modelagem, então dominada somente por empresas estrangeiras.

A engenharia e o desenvolvimento tecnológico, como causa e conseqüência do desenvolvimento econômico, não poderiam estar ativos em um país com um modelo de desenvolvimento submisso e limitadamente consentido pelos países centrais. A divisão internacional das atividades entrega as mais nobres, aquelas que requerem esforço intelectual e, portanto, mais bem remuneradas, aos países do capitalismo vitorioso, enquanto as atividades mais braçais e insalubres são destinadas aos de desenvolvimento tardio.

No entanto, esta não é uma regra absoluta e alternativas autóctones, dentro de um "projeto nacional", devem ser elaboradas com urgência por países com as características do Brasil, pleno de riquezas naturais, grande extensão territorial e ocupado por uma população multirracial, laboriosa e ordeira, como forma de se contrapor aos esquemas perversos do jogo do poder perpetrado pelas poderosas e hegemônicas estruturas internacionais.

Tristemente, nos recentes momentos angustiantes da vida nacional, muitos brasileiros de bem fraquejaram, argumentando que "o Estado está quebrado", "o liberalismo e a globalização são a modernidade", "a União Soviética faliu, mostrando a inviabilidade de qualquer alternativa além da liberal", mas, na realidade, são falsos argumentos de uma adesão camuflada.

Existiram aqueles que buscaram banalizar a discussão, com argumentos do tipo: "o que adianta ter soberania?", "para que lutar contra as privatizações, pois já está tudo decidido?", "é muito difícil ter qualquer vitória contra o poder hegemônico" etc. Houve até proposta para otimizar o processo de privatização e alguns chegaram a pregar que os desempregados assim se encontravam por serem pouco capacitados, fato que os levara a essa situação desesperante, e propunham que fossem oferecidos cursos de aperfeiçoamento técnico para eles, isentos de pagamento, sugestão essa até meritória e digna de estudos mais apurados para que seja rotineira, mas não como velada concordância com a argumentação da ideologia neoliberal, que busca imputar a culpa do desemprego aos desempregados, e não ao processo predatório da maioria das empresas transnacionais, em sua ganância de poder e maximização dos lucros, a qualquer custo.

O que tem resultado desse período triste da vida nacional deve ser analisado por tópicos, já que cada setor recebeu tratamento diverso. A parcela do setor elétrico que foi privatizada tem sido um exemplo de empresas mal-administradas, como é o caso da Eletropaulo e da Light, além de o povo estar pagando tarifas que sobem muito acima do aumento dos salários. O socorro emergencial do BNDES à empresa paulista demonstra de maneira clara tal assertiva, tendo o Estado, que havia financiado a compra do patrimônio público no tal "eficientíssimo processo de privatização", sido chamado a socorrer um poderoso grupo internacional, a fim de evitar uma verdadeira catástrofe energética na região mais industrializada do país.

Exceto essas mazelas, perde também o país com as remessas para o exterior, realizadas sob as mais diversas maneiras, tais como lucro, dividendo, assistência técnica, superfaturamento nas compras de produtos e serviços da matriz, além de compras desnecessárias realizadas por interesse da matriz, dentre outras formas lesivas ao interesse público. Não estaria nessas manobras – em que as empresas sucessoras das antigas estatais exaurem seu capital, transferindo recursos para o exterior muito além da sua real capacidade – a causa desses fracassos administrativos e financeiros?

Paralelamente a esse quadro quase calamitoso, grandes blocos de geração elétrica ainda não estão sendo construídos, de forma a atender à crescente demanda nacional em futuro próximo, tendo o perverso modelo contribuído para o esvaziamento da Eletrobrás, que fazia o planejamento, coordenava o financiamento e controlava a execução das obras do setor.

É quase consenso nacional que o setor de telecomunicações, depois de privatizado, se expandiu, mas nunca é realçado que o governo Fernando Henrique Cardoso (FHC) tolheu os investimentos das telestatais, anos antes das privatizações, segurando os investimentos para, certamente, demonstrar o sucesso com a política de privatização. Todos os malefícios descritos para o setor elétrico foram maximizados no segmento das telecomunicações, com a dispensa de engenheiros e técnicos altamente especializados, em benefício de mão-de-obra importada, menosprezo por tecnologias e materiais desenvolvidos e homologados pela Telebrás, liquidação de preciosa e funcional infra-estrutura de laboratórios e instalações logísticas, terceirização de serviços técnicos de instalação e manutenção a preços aviltados, refletindo seriamente na qualidade e verdadeiro abandono no que se refere à renovação dos cabos telefônicos das nossas cidades.

Um evento gravíssimo, omitido à população e às lideranças nacionais, ainda preocupadas com nossa soberania e o conseqüente destino da nação brasileira, se refere à venda, junto com a alienação da Embratel, do sistema brasileiro de comunicações por satélite, ancorado no conjunto de satélites geoestacionários Brasil-Sat, bem como do segmento de cabos de fibra ótica que corta todo o nosso litoral, de Rio Grande a Natal, responsável pela conexão do Brasil e dos países do Cone Sul, com a Europa e os Estados Unidos. No tocante aos satélites, desprezou-se e, certamente, não foi de forma inocente, o fato de dispormos de posição privilegiada na faixa equatorial, sobre o território nacional, e termos nesses satélites todas as comunicações do governo, inclusive as militares, com estações terrenas sendo administradas pela Forças Armadas. A telemetria, que assegura o correto posicionamento do satélite e sua melhor performance operacional, encontra-se atualmente nas mãos de grupo estrangeiro, depois de passar por inidônea empresa americana, que terminou em regime falimentar. Dessa forma, para interromper as principais comunicações do país, basta um descuido, proposital ou não, no controle do satélite, comprometendo, inclusive, o Sistema de Controle do Espaço Aéreo e o tráfego da nossa aviação civil.

Quanto aos resultados mensuráveis das telecomunicações, hoje há concorrência na oferta de produtos e serviços, com gastos enormes de propaganda e marketing, mas, ainda assim, há indícios da existência de manipulação, tipo oligopólio, para tarifas mais elevadas, exigindo uma árdua e severa vigilância por parte da Agência Nacional de Telecomunicações (Anatel), eventualmente, não preparada ou não motivada a defender os interesses do brasileiro.

O que aconteceu com o setor de petróleo é menos visível, mas é tão prejudicial para a sociedade quanto o que houve com outros setores. Não ocorreram privatizações, mas formalizou-se a entrega, para empresas estrangeiras, de áreas para exploração de petróleo e gás natural, através de concessões por 30 anos, obtidas em leilões promovidos pela Agência Nacional do Petróleo[9] (ANP), com o direito à posse do produto que for descoberto, podendo inclusive exportá-lo. Dessa forma, se o país precisar desses produtos no futuro, para sustentar a auto-suficiência doméstica, reforçando os estoques da Petrobrás, poderá não tê-los mais. Com isso, ocorreu na prática o término do monopólio estatal do petróleo e, por interesses externos, tem-se obrigado o alinhamento dos preços dos derivados vendidos no país com os do mercado internacional.

A sociedade brasileira não tem mais como suportar novo período de governo em que predomine a aplicação dessas teses contrárias aos seus interesses. O fracasso de 15 anos de gestão neoliberal e subordinação cega ao assimétrico modelo globalizante, em alguns períodos com mais intensidade do que em outros, está à mostra na crescente e assustadora crise social existente no Brasil. Basta comparar a agressividade do nível de desemprego de hoje com o nível de 15 anos atrás ou mais, ou a insegurança vivida pelo cidadão, com a de um passado não tão distante. O emprego da população deveria ser tão protegido quanto a saúde financeira das contas públicas, ensejando a proposta de aprovação de uma Lei de Responsabilidade Social tão dura quanto a da Responsabilidade Fiscal.

Fazemos nossas as palavras do reconhecido mestre, professor Carlos Lessa:[10] "fora da Nação, não há solução para a sociedade

---

9. Após a Medida Provisória nº 214, de 13 de setembro de 2004, a ANP passou a regular, também, questões relativas aos biocombustíveis e passou a se chamar Agência Nacional do Petróleo, Gás Natural e Biocombustíveis.

10. Professor do Instituto de Economia (IE) da UFRJ e ex-presidente do BNDES.

brasileira". É motivante e prazeroso ouvir uma voz lúcida, depois de tanto tempo ouvindo aberrações do tipo: "no mundo atual, os Estados nacionais foram suplantados pelas redes, que englobam as organizações não governamentais (ONGs), organismos supranacionais, na possibilidade de atendimento das demandas das sociedades". Basta olhar os exemplos atuais da China e da Índia para entender que Estados nacionais fortes contribuem enormemente, se o intuito for o desenvolvimento do país. A dúvida é se as sumidades que faziam a referida pregação, pois ultimamente ela é pouco ouvida, estavam iludidas ou faziam parte de um complô para desvirtuar o foco do debate nacional, tamanho o disparate do que diziam.

Para superar essa situação caótica, o Brasil precisa, com urgência, elaborar um projeto nacional que, de maneira planejada, recomponha o crescimento da economia, ative a produção industrial, recupere o consumo interno, diminua, para um nível suportável, o desemprego etc. Certamente, esse projeto excluiria a atual exposição suicida da indústria nacional, propondo instrumentos para a sua proteção, o apoio ao desenvolvimento tecnológico, à engenharia e às empresas nacionais, em geral. Um projeto que privilegie a atividade exercida no país, o capital nacional, o nosso trabalhador, os nossos insumos, o produto brasileiro, a engenharia nacional etc. É importante salientar que, como retorquirão alguns costumeiros críticos e agentes de interesses alienígenas, não há nisso qualquer ato de xenofobia; trata-se simplesmente de cuidarmos dos nossos interesses, como corretamente fazem os norte-americanos, os europeus e vários habitantes de países da Ásia. Sob tais critérios, o capital estrangeiro será sempre muito bem-vindo, atuando em áreas específicas, nas quais poderá contribuir para o desenvolvimento do país, como já o faz na atualidade em variados segmentos da economia.

Por mais irracional que pareça existirem cadeias de *fast-food* que remetam lucros para o exterior com a venda de hambúrgueres, uma atividade sem qualquer conteúdo tecnológico e nada recomendável como hábito alimentar, não podemos culpar o capital estrangeiro, e sim os responsáveis pela condução dos destinos deste país. O deplorável é que nacionalistas fanáticos resolvem tomar determinada lanchonete como o símbolo da exploração realizada pelos grupos estrangeiros, sem se dedicarem a um estudo apurado e isento da realidade nacional, quando constatariam a existência de questões muito mais danosas ao país, como é o caso do que ocorre no setor petrolífero. Nada também é lembrado sobre a posição de subserviência que aceitamos nos organismos internacionais e no sistema financeiro, somado ao fato de não haver política industrial no país, não haver proteção ao empresário nacional e à falta de um verdadeiro apoio ao desenvolvimento tecnológico no país. A grave questão da nossa dependência externa por armamentos, fármacos, sementes, vacinas e outros itens, cujo suprimento deveria constar da estratégia de segurança nacional, por meio do desenvolvimento de tecnologia de produção ou a instalação de fornecedores no país, dentre outras iniciativas, não é enfrentada com a seriedade e a urgência necessárias.

Presenciamos a usurpação do nosso presente e futuro, devido à adoção das teses neoliberais e globalizantes, durante mais de uma década, na maioria das vezes, sem a sociedade atentar para a sutileza das manobras de bastidores e os efeitos perniciosos dos resultados, no médio e longo prazos. A população, sem conhecimentos especializados e com baixo grau de politização, vive sendo massa de manobra dos arquitetos políticos a serviço do poder econômico, que oferecem algumas milagrosas migalhas nos períodos eleitorais, mas quem se beneficia das decantadas políticas neoliberais e da globalização odiosa é uma parcela da elite impatriótica e cooptada pelo capital internacional e apátrida.

Não se levanta uma reivindicação de reestatização de empresas privatizadas; contudo, se pairarem dúvidas sobre o processo de privatização de qualquer empresa, ele deve ser investigado. Nesses anos em que tem imperado a doutrina neoliberal, com lideranças mascaradas de esquerda democrática, o Brasil pode testemunhar que, pelo menos, algumas das empresas privatizadas podem ser bastante ineficientes e pessimamente administradas, mesmo com tarifas públicas não contidas, como imposto às nossas estatais em passado recente, como argumento para sua alienação predatória. Se lhes fossem autorizadas correções tarifárias, nem tão exorbitantes como as atuais, as estatais teriam os recursos necessários para seus investimentos.

A bem da ética pública, recomendamos que seja feita uma auditoria das grandes privatizações do país, que ocorreram no governo FHC, na quase-totalidade, pois existe a possibilidade de o patrimônio do povo brasileiro ter sido entregue por valores abaixo dos corretos, com muitos "espertos" se beneficiando nesse processo. Inclusive, nessa auditoria, deve ser questionado o método de avaliação do patrimônio, usado na época, que consistia no fluxo de caixa futuro descontado para o valor presente. Para demonstrar a possibilidade de erro desse conceito, suponhamos que, para desgraça nossa, a Petrobrás tivesse sido privatizada em 1999. Aliás, é sabido que existiram figuras de proa no governo de então querendo isso. Os técnicos iriam calcular as receitas da empresa em um fluxo de caixa de cerca de 30 anos, a preços constantes, baseadas no preço do barril de petróleo da época, ou seja, US$ 13. Hoje, o preço do barril está em torno de cinco vezes este valor e, portanto, o prejuízo para o país seria imenso.

Se alguém argumentar que, como o fluxo de caixa é a preços constantes, não haveria erro técnico, ledo engano. O fato de ser a preço constante pressupõe que as conclusões obtidas com essa análise são as mesmas que seriam obtidas com os preços de todos os insumos, equipamentos, produtos finais e demais itens do empreendimento sendo aumentados durante a vida útil com índices próximos dos da inflação esperada do país. A pressuposição é verdadeira, mas não para o caso da receita do petróleo, porque o seu preço já cresceu de 1999 até hoje bem acima da inflação e continuará assim no futuro; por isso, o valor obtido para a Petrobrás estaria bastante aviltado.

Apregoar que o Estado administra mal e está falido foram os preconceitos e as mentiras das campanhas de convencimento que os agentes do capital estrangeiro, nossos iluminados doutores da doutrina neoliberal, colocaram nas bocas dos "especialistas" das televisões e jornais brasileiros até se transformarem, após repetições exaustivas, em verdades para o cidadão comum e os políticos despreparados, que o povo, inocentemente, elege, além dos mal-intencionados, seus representantes, cuja tarefa é defender os interesses da sociedade.

Valendo-se dos momentos conturbados vividos pelo país, como o presenciado, em especial, nos meses finais de 2005 e início de 2006, pleno de denúncias e apurações de inumeráveis atos ilícitos no setor público, alguns dos conhecidos "analistas" de pronto concluíram e alardearam nos meios de comunicação que "as estatais são mais propícias para a ocorrência de roubos e, assim, devem ser aprofundadas as privatizações, com as Agências reguladoras fiscalizando as novas empresas privatizadas, uma vez que tais Agências estão se mostrando mais imunes à corrupção". Esses analistas conseguem confundir os espectadores ou leitores, pois, apesar de todos os dados estarem à mostra, conseguem distorcer as análises e, se aproveitando do desejo de ser encontrado um culpado, típico de momentos de crise, concluem da forma mais adequada para os interesses dos que os cooptaram.

Sem entrar no mérito de uma maior ou menor blindagem das Agências, as afirmações tendenciosas dos "analistas" ajudam muito os agentes dos grupos econômicos, sempre ansiosos para, com suas manobras, se apropriarem do patrimônio público por preço irrisório, e de fatias consideráveis do mercado que virão junto com as privatizações. Nesse cardápio das ainda "jóias da coroa" destacam-se, por exemplo, Furnas, Banco do Brasil e Petrobrás.

Como exemplo da fragilidade do sistema para bloquear possíveis desvios na administração pública, ilícitos ou não, necessitamos adentrar um pouco a abordagem técnica a fim de mostrar um fato rotineiro, ligado às rodadas de leilões de áreas promovidas pela ANP, para a exploração de petróleo. Após cada rodada, as concessões são formalmente assinadas com as empresas ganhadoras. Suponhamos que, com o passar do tempo, uma empresa descubra petróleo no seu bloco sob concessão, devendo, em um primeiro momento, apresentar à ANP o plano de desenvolvimento do campo e, posteriormente, o plano de produção.

Para uma empresa petrolífera, a taxa de retirada do petróleo do subsolo, assim como a decisão sobre o uso de métodos avançados de recuperação de petróleo e até o momento em que a operação de retirada deve ser paralisada estão condicionados a fatores tais como a rentabilidade do campo não ficar abaixo de determinado valor por ela prefixado. Produções iniciais altas, apesar de ajudarem muito o fluxo de caixa, podem comprometer a recuperação máxima da quantidade de petróleo existente no campo. A rentabilidade mínima aceitável varia de empresa para empresa e é função das demais alternativas de investimento peculiares a cada uma, do preço do barril etc. Elas consideram essa rentabilidade mínima como confidencial por fazer parte da estratégia empresarial.

Por outro lado, sob o ponto de vista do país, é interessante que a maior quantidade de petróleo seja retirada do subsolo, desde que remunere minimamente o capital investido. Esse recurso natural é um patrimônio nacional e a sociedade brasileira, desinformada sobre muitas dessas questões, assiste passivamente à usurpação dos seus bens naturais, deixando de exigir a necessária cautela por parte dos sucessivos governos que se alternam no poder. Como a quantidade a ser retirada do subsolo, sob a ótica empresarial, pode não coincidir com a perspectiva de melhor atendimento aos interesses nacionais, caberá ao governo, através da ANP, atuar como árbitro e julgar, com base nos planos de desenvolvimento e de produção, se a quantidade de petróleo a ser retirada é socialmente justa e ainda economicamente rentável.

Essa decisão, relativa a determinado campo de uma das muitas empresas com contratos de concessão, até 2001, era restrita a não mais que seis técnicos e à diretoria da Agência. Uma decisão, que vale, dependendo do campo, um acréscimo razoável da rentabilidade da empresa, ser decidida por um número restrito de pessoas, sem outros controles, é um erro de arquitetura do processo sob o ponto de vista da transparência.

Teoricamente, cabe à Controladoria-Geral da União (CGU) e ao Tribunal de Contas da União fiscalizarem a ANP, mas esses órgãos federais não possuem especialistas em todas as atividades em que o governo atua, sendo quase impossível detectarem onde estão os pontos em que pode existir má gestão da coisa pública, conivência com interesses antinacionais e possíveis atos de corrupção. Mesmo diante da contra-argumentação de que o petróleo não ser retirado do subsolo não significa que ele estará totalmente perdido, que é tecnicamente correta, acrescentamos que isso incorre em novos custos, desnecessários se todo o petróleo fosse retirado de uma só vez.

O correto seria existir um documento, publicado pela Agência, que estabelecesse as regras para recuperação do petróleo existente em um campo, antes que qualquer rodada de licitação ocorresse. Até a terceira rodada de licitações, um documento com esse aspecto simplesmente inexistia, o que significa que, se empresas com contratos dessas licitações descobrirem petróleo, terão argumento forte para retirar só o que desejarem, qual seja, "pagamos bônus pela área baseados em cálculos que previam a recuperação só até esse nível".

É de notar que, se um processo de privatização honesto e transparente de uma estatal não estratégica para o desenvolvimento nacional for conduzido privilegiando o capital nacional e as empresas privatizadas forem socialmente controladas, não há razão para existir oposição ao processo. Contudo, pode-se afirmar que, com as imperfeições existentes, hoje, quando há muito pouco controle social sobre as empresas, se for desejada, por exemplo, a exploração econômica de recursos naturais não renováveis escassos, estratégicos ou valiosos, as estatais são a melhor opção como instrumento de produção, porque os critérios de julgamento da empresa pública não a levam a realizar produção acelerada predatória do recurso natural para maximizar a rentabilidade do projeto, em detrimento da recuperação ao extremo do recurso, cuidando desse patrimônio de melhor forma, sob o ponto de vista social, do que cuidaria uma empresa privada.

Considerando as rotineiras distorções no incipiente modelo da democracia brasileira, com o presidente exercendo um poder quase monárquico, perante um Congresso volúvel, no qual os programas partidários são desprezados em benefício de interesses pessoais e regionais, a delegação dada aos legisladores e a membros do Executivo é por demais ampla, o que leva, muitas vezes, à situação esdrúxula de serem feitas leis ou de o Executivo tomar decisões que não têm respaldo popular, contrariando o parágrafo único do artigo 1º da Constituição, que diz: "todo poder emana do povo, que o exerce por meio de representantes eleitos ou diretamente [...]". Portanto, seria recomendável a realização mais freqüente de plebiscitos, referendos e iniciativas populares, previstos no artigo 14 da Constituição Federal, que não foi até hoje regulamentado.

A racionalidade nos leva a crer que a consulta popular direta só deve ser realizada em assuntos de relevância e impacto na sociedade ou em questões polêmicas, como a criação, incorporação, fusão e desmembramento de Estados ou Municípios, a alienação de controle de empresas estatais, a concessão pela União Federal de atividades para empresas privadas que representem perda estratégica ou financeira, o desarmamento da sociedade, a possibilidade do aborto etc. Muitas democracias mais desenvolvidas utilizam com êxito, há algum tempo, essa forma de manifestação da sociedade, para que leis e decisões sejam estabelecidas, e a Suíça chega até a abusar do número das consultas populares que são feitas em um ano, havendo porém a facilidade de uma reduzida população e o seu elevado grau de instrução.

Estava tramitando na Câmara dos Deputados mais de um projeto de lei, que buscava regulamentar o artigo 14 em questão, visando permitir, na prática, a realização de um maior número de consultas ao povo. Um desses projetos, o de nº 4.718/2004, de iniciativa da Ordem dos Advogados do Brasil (OAB), continha uma excelente proposta, a qual acabou por ser desvirtuada, quando o Relator, incumbido de avaliar os referidos projetos, na Comissão de Constituição e Justiça da Câmara, apresentou um substitutivo que pouco muda a situação vigente.

A classe política tem verdadeira aversão à consulta direta, porque ela diminui o número de itens de importância que a essa classe caberia decidir durante seus mandatos, e, assim pensando, a proposta da OAB representaria uma perda de poder político. Contrariamente, para a população, representava tomar para si a incumbência de escolher diretamente o seu futuro, sem a nomeação de procuradores e intermediários, que não costumam honrar suas promessas de campanha. Se um projeto como o proposto pela OAB tivesse sido aprovado, permitiria, por exemplo, a realização de um plebiscito para definir se o povo brasileiro quer alienar, para empresas estrangeiras, suas áreas de possível ocorrência de petróleo, exercendo, democraticamente, uma das formas de controle social sobre os governos. O recente plebiscito sobre armamentos, sem entrar no mérito do resultado, é um claro exemplo da força do voto popular, neutralizando manobras de membros do governo e instituições manipuladas por interesses alienígenas.

Ultrapassados os últimos parágrafos em que observações gerais foram apresentadas, retomamos a linha de raciocínio anterior para enfatizar que o mundo dá sinais claros do esgotamento da proposta neoliberal, à medida que os povos sentem o peso das injustiças, após a sua adoção. Aumentou a distância entre países ricos e pobres e a distância entre ricos e pobres de um mesmo país. Recentemente, o "não" francês à proposta de Constituição européia não foi só uma reprovação ao governo Chirac, como a corrente neoliberal quis fazer pensar. Foi, principalmente, uma rejeição ao excesso de liberalismo econômico colocado na proposta da referida Constituição. O "não" holandês à mesma proposta corresponde a essa mesma linha de indignação e reivindicação. Depois, veio o novembro incendiário, na mesma França, que deixou a descoberto as feridas causadas pelo neoliberalismo, como o desemprego, a agressividade do poder do capital e a conseqüente falta de esperança de vida da população pobre e desassistida.

A França, berço do pensamento humanístico e libertário, preza valores que, nas últimas duas décadas, têm sido considerados como atrasados. Mais recentemente, o governo francês quis tornar precárias as garantias de trabalho para os mais jovens, como se esse fosse um verdadeiro enfrentamento para o problema do desemprego de raiz neoliberal, tendo os jovens franceses, teoricamente os beneficiários da medida, dado um exemplo de humanidade e solidariedade. No continente europeu, por várias outras mensagens, o engodo neoliberal só está conseguindo novos adeptos nos países ex-satélites da antiga União Soviética, que, ao saírem de uma proposta de socialismo deturpado e falido, numa reação pendular, sentem certa atração pelo novo modelo.

Na América Latina, o engodo está sendo gradativamente percebido, constatando-se a ascensão de governos mais próximos das classes atingidas pelo furacão neoliberal, que começa a dar seus sinais de alerta para uma possível onda nacionalista no continente. No Brasil, ainda sobrevivem muitos adeptos do neoliberalismo, remanescentes da época áurea com Collor e FHC, e agora com Lula acomodados, principalmente, na área econômica, permanecendo o mercado como o fator mais determinante para o crescimento e a distribuição de riqueza e renda na sociedade.

Devemos atentar para o fato de que a globalização que interessa aos desenvolvidos não inclui a livre migração de mão-de-obra do terceiro mundo para os empregos dos seus países. Para esses empregos, existem barreiras de proteção procurando barrar o acesso à opulência por aqueles de desenvolvimento tardio, barreiras essas, às vezes, físicas e criadas pelo homem, como o muro já existente e o projetado entre os Estados Unidos e o México. Dessa maneira, o neoliberalismo e a globalização, com suas formulações de um novo ordenamento produtivo mundial, do comércio internacional e do fluxo de capitais, introduzindo nova política econômica para os países, excluem a internacionalização dos postos de trabalho e são excelentes instrumentos de transferência de riqueza em um único sentido, das "novas colônias" para os impérios.

Muito ainda poderia ser discutido sobre a questão da participação do Estado na economia, mas o conceito básico a ser enfatizado, para a consecução dos objetivos do presente trabalho, uma vez que o setor de energia e infra-estrutura tinha e, apesar do lamento de muitos, ainda tem participação estatal, é que o Estado pode ter motivações em suas empresas impossíveis de ocorrerem em empresas privadas, como a busca de determinados impactos positivos sociais, regionais e tecnológicos. Obviamente, o Estado que propomos deve ser socialmente controlado, e não um Estado autoritário dominado por grupos de interesse.

Tomemos como exemplo que, nos anos cinzentos do neoliberalismo, o modelo implantado incluía, no desenvolvimento científico e tecnológico, a tese estapafúrdia que empresas estrangeiras iriam investir nessa área no país. Claro que nada disso ocorreu, dentre outras razões, porque as referidas empresas têm seus centros de inteligência concentrados no exterior e mantidos sob elevado grau de sigilo. No máximo adaptam suas linhas de produção a alguma característica peculiar do mercado local e buscam elevar sua produtividade com novos equipamentos importados, quase sempre em detrimento do efetivo de trabalhadores.

Desse modo, é fácil constatar que as empresas, órgãos e entidades que tiveram sucesso fazendo desenvolvimentos tecnológicos no Brasil, nos últimos anos, foram, somente e como sempre, a Petrobrás, a Embrapa, a Embraer, o Centro de Pesquisas da Petrobrás (Cenpes), a Coordenação dos Programas de Pós-graduação em Engenharia (Coppe), o Instituto de Pesquisas em Energia (Ipen), o CTA, o Centro Tecnológico da Marinha em São Paulo (CTMSP), os laboratórios e entidades nacionais financiados pela Fundação de Amparo à Pesquisa do Estado de São Paulo (Fapesp), entre muitos outros de vital importância para o país. O que há de comum nessa realidade prazerosa é que o Estado está por trás de todas as entidades citadas, o que nos permite concluir que, se assim não fosse, não haveria, no Brasil, desenvolvimento tecnológico representativo.

O modelo vigente atua, pelos fatos citados e os resultados sentidos pela população, como fator destruidor da economia nacional e gerador de desempregos. Assim sendo, devemos lutar para modificá-lo, de forma radical, sem que isso signifique a ruptura do sistema. O entulho neoliberal precisa ser extinto e, desse modo, a mudança deve ser radical, já que é impossível contemporizar esse modelo com o atual estado de insatisfação nacional. Seria desejável se, para quaisquer que sejam os grupos a disputar as próximas eleições majoritárias, o recado se refletisse nas urnas, com claras posições em defesa dos interesses nacionais colocadas em destaque, como fator tranqüilizador para a sociedade.

2

Planejamento do setor de petróleo no Brasil

Setor energético nacional

Do BEN de 2005, que cita o Código de Mineração Brasileiro, obtêm-se as definições:

- "Recurso energético consiste em uma concentração de materiais sólidos, líquidos ou gasosos que ocorre naturalmente no interior ou na superfície da crosta terrestre de tal forma que a extração econômica é usual ou potencialmente viável",
- "Recurso identificado é o depósito ou corpo específico de materiais sólidos, líquidos ou gasosos, cuja localização, qualidade e quantidade são conhecidas por meio de evidências ou de pesquisas geológicas com maior ou menor grau de detalhamento", e
- "Reserva energética é a parte de um recurso identificado, em que um mineral útil ou uma utilidade energética pode ser econômica e legalmente extraído com os dados da época de sua determinação".

Os recursos e reservas energéticas brasileiras, em 31 de dezembro de 2004, mostrados no BEN de 2005, são exibidos na tabela a seguir, onde é utilizada a tonelada equivalente de petróleo (tep) como a unidade de medida comum de energia.

Recursos e reservas energéticas brasileiras em 31/12/2004

Fontes de energia	Unidades	[1]	[2]	Total	Em 10^3 tep
Petróleo	10^3 m^3	1.787.500	560.425	2.347.925	1.590.875
Gás natural	10^6 m^3	326.084	172.074	498.158	323.801
Carvão mineral	10^6 t	10.102	22.240	32.342	2.757.846
Hidráulica	GW ano	93	51	144	236.000/ano
Energia nuclear	t U_3O_8	177.500	131.870	309.370	1.236.287

[1] Medidas, indicadas e inventariadas.
[2] Inferidas, estimadas.

Observações: a tabela não inclui outras fontes renováveis além da energia hidráulica; o total em 10^3 tep só considera as reservas medidas, indicadas e inventariadas; a recuperação média do carvão mineral *in situ* é de 70% e o poder calorífico médio desse carvão é de 3.900 kcal/kg; o valor em 10^3 tep da energia hidráulica corresponde, somente, à energia firme; o valor em 10^3 tep do urânio considera as perdas de mineração e beneficiamento; e a metodologia de levantamento de dados utilizada pode ser observada no BEN de 2005.

Os fatores de conversão de unidades energéticas não são, às vezes, tão simples como se pode imaginar. Por exemplo, existe uma discussão sobre a conversão de valores em kWh para tep. A energia hidráulica é expressa, normalmente, em kWh, a unidade que se refere à energia elétrica gerada por essa fonte. No momento de transformarmos essa unidade em outra que permita a comparação com as demais reservas energéticas é utilizada, normalmente, a relação física: 1 kWh = 3.600 kJ.

Entretanto, um grupo de técnicos advoga a "valorização" da energia hidráulica através do uso de uma outra relação para o kWh. O raciocínio desses técnicos se prende ao fato de o Brasil ter na fonte hidráulica a grande geradora de energia elétrica. Se o país tivesse escolhido, no passado, a opção térmica de consumo de combustíveis fósseis para a expansão do seu setor elétrico, a quantidade de energia gasta para oferecer os mesmos kWh aos consumidores, que é oferecida hoje, seria muito maior, graças ao coeficiente de conversão de energia hidráulica em energia elétrica ser 95%, aproximadamente, superior ao de energia térmica em energia elétrica, em torno de 30%. As termoelétricas a gás natural com duplo estágio têm rendimento de cerca de 60%, ainda abaixo dos 95%. Assim, eles recomendam que seja utilizada a relação 1 kWh = 11.982 kJ. No quadro da oferta interna de energia no país, mostrado no BEN de 2005, foi utilizada a relação 1 kWh = 3.600 kJ. Se fosse utilizada a relação de conversão de kWh para kJ, que valoriza a energia hidráulica, essa fonte passaria a ter, praticamente, o mesmo grau de participação que o petróleo no suprimento nacional.

As energias primárias ou fontes primárias são aquelas encontradas na natureza, como, por exemplo, petróleo, gás natural, carvão mineral, urânio natural, xisto, energia hidráulica, biomassa, energia solar, energia eólica, energia geotérmica etc. A biomassa engloba lenha, cana-de-açúcar, óleos vegetais, como de mamona, dendê e outros.

As energias secundárias ou formas secundárias são aquelas obtidas das fontes primárias nos centros de transformação, como os derivados de petróleo (gasolina, diesel, gás liquefeito de petróleo – GLP, nafta, querosene, óleo combustível etc), eletricidade, álcool, bagaço de cana, biodiesel, carvão vegetal, gás de carvão, urânio contido nos elementos combustíveis, hidrogênio etc.

Dessa maneira, não existe uma forma secundária de energia que seja encontrada, livremente, na natureza. A maioria das formas secundárias está pronta para ser consumida; contudo, elas não compõem o conjunto das únicas energias que podem ser utilizadas diretamente. A lenha, por exemplo, é uma energia primária e está pronta para ser consumida. Existem outras formas secundárias que não são utilizadas de maneira direta, como é o caso do urânio contido nos elementos combustíveis, só consumido em usinas nucleares, onde é transformado em eletricidade. Dentre as energias prontas para o consumo, a quase-totalidade é comercializada e, portanto, chamada também de energia comercial.

Nos centros de transformação, as energias primárias, na maioria, não adaptadas aos equipamentos consumidores de energia existentes no parque industrial, no setor de transporte, no setor residencial etc., são transformadas nas variadas formas de energias secundárias, aptas para uso nos referidos equipamentos. Como centros de transformação temos, por exemplo, as refinarias de petróleo, as usinas hidroelétricas, as usinas termoelétricas a óleo combustível, óleo diesel, gás natural e carvão mineral, as usinas nucleoelétricas, os ciclos do combustível nuclear, as usinas processadoras de cana-de-açúcar (destilarias), as carvoarias, as unidades de gaseificação de carvão, os parques de geradores eólicos etc.

No entanto, não só as energias primárias são utilizadas como insumos dos centros de transformação, havendo, em alguns casos, a necessidade do emprego de energias secundárias, como nas termoelétricas, que necessitam de óleo combustível, óleo diesel, bagaço de cana etc., e nas usinas nucleoelétricas, já citadas, que recebem os elementos combustíveis que contêm as pastilhas de óxido de urânio enriquecido.

Nas tabelas do fluxo de energia no país, para diversos anos até 2004, mostradas no BEN de 2005, aparecem, além da produção de fontes primárias, das transformações energéticas e do consumo final de fontes e formas de energia por setor consumidor, a importação, a exportação, as perdas de energia primária e secundária, a reinjeção para o caso do gás natural, a variação anual de estoques, o consumo não energético, além de outros dados. São mostrados, a seguir, os dados mais relevantes retirados deste BEN.

A perda de energia no processo de transformação energética, no transporte, na transmissão e na distribuição corresponde à diferença entre a oferta interna e o consumo final, e sempre se situou em torno de 10% da oferta interna, mas ultimamente tem-se mostrado crescente.

A oferta interna de energia no Brasil, em 2004, foi de 213,4 milhões de tep, equivalente a 2% da demanda mundial. A produção de energia no país atendeu a 87% do consumo nacional. Importamos os 13% restantes, na forma de petróleo, carvão mineral, gás natural e energia elétrica. Mas a nossa importação de energia tem diminuído, firmemente, nos últimos 25 anos, graças à diminuição da importação de petróleo. O Brasil terá sempre alguma importação de energia, porque o carvão mineral nacional não tem as características necessárias para a siderurgia e há a parcela paraguaia da energia elétrica de Itaipu, cuja compra é de nosso interesse.

O consumo final de energia foi de 191,1 milhões de tep, em 2004, apresentando taxa de crescimento de 4,9% em relação a 2003, que é um crescimento inferior ao da oferta interna de energia. O crescimento dessa oferta foi de 5,7%, o que permite concluir que as perdas de energia na transformação, transporte, transmissão e distribuição aumentaram.

A oferta interna de energia no Brasil para o ano de 2004, segundo o BEN de 2005, é mostrada na tabela a seguir, em valores relativos.

Fonte ou forma de energia	**Em %**
Petróleo e derivados	39,1
Energia hidráulica e eletricidade	14,4
Produtos de cana	13,8
Lenha e carvão vegetal	13,2
Gás natural	8,9
Carvão mineral	6,7
Urânio (U_3O_8)	1,5
Outras fontes ou formas	2,7

O mais importante a ser observado é que, se somarmos o uso de energia hidráulica e eletricidade, produtos de cana e lenha e carvão vegetal, encontraremos um valor próximo daquele que se refere a petróleo e derivados, que mostra como o consumo de energia renovável no Brasil é alto. Grosso modo, podemos dizer que 40% do consumo de energia no Brasil provém do petróleo; 40%, de fontes renováveis; e 20%, de outras fontes, sendo as principais o gás natural e o carvão mineral.

A tabela a seguir mostra a oferta de energia no mundo, no ano de 2002, em valores relativos, segundo o BEN de 2005.

Fonte ou forma de energia	**Em %**
Petróleo e derivados	34,9
Carvão mineral	23,5
Gás natural	21,2
Biomassa	11,4
Urânio	6,8
Hidráulica	2,2

Nessa tabela, observa-se que o petróleo representa 34,9% do total, abaixo do valor do Brasil, e, em compensação, o carvão mineral totaliza 23,5% e o gás natural 21,2%, bem acima, portanto, dos valores nacionais. A biomassa e a energia hidráulica, as mais importantes energias renováveis, no contexto internacional, representam somente 13,6% da oferta total, o que comprova estar o Brasil bem acima da média mundial no consumo de energias renováveis. Desse modo, o país tem, para sorte da nossa sociedade, rios caudalosos, com quedas d'água, solo e insolação em abundância, e índice pluviométrico bom. Com relação ao petróleo, o Brasil o consome um pouco acima da média mundial, o que também faz sentido, pois temos algum petróleo.

Pesquisando mais a questão das energias renováveis, a tabela a seguir mostra as parcelas de energias renovável e não renovável no Brasil em 2004, na OCDE em 2002 e no mundo em 2002, segundo o BEN de 2005.

Região	Renovável (%)	Não renovável (%)
Brasil (2004)	44,2	55,8
OCDE (2002)	6,0	94,0
Mundo (2002)	13,6	86,4

Portanto, o Brasil é a região, dentre as três citadas, que possui maior participação de energias renováveis, resultado, em parte, da decisão acertada tomada há mais de 50 anos, rapidamente descrita no Capítulo 2, sobre o Brasil adotar as hidroelétricas para suprimento de eletricidade em vez de utilizar termoelétricas que queimam óleo combustível, apesar de, naquela época, o petróleo ser muito barato. Se não tivéssemos optado pelas hidroelétricas, seríamos, hoje, ainda dependentes do petróleo externo, uma vez que o consumo de petróleo iria ser muito maior do que é atualmente. Se tivéssemos optado pelas termoelétricas, também estaríamos lançando mais gases na atmosfera, cooperando para o agravamento do efeito estufa, com dificuldade para cumprir o Protocolo de Quioto.

Sobre a série histórica da produção de energia primária, mostrada no BEN de 2005, observa-se que essa produção é, na sua quase-totalidade, consumida no país, pois o Brasil não é exportador de energia. Observa-se também que a produção de petróleo do Brasil explodiu em dois momentos, em 1983 e 1996, aproximadamente, e em ambas, graças ao monopólio. Mostra também como o consumo de lenha diminuiu no país, fato já citado anteriormente, graças ao subsídio que era dado ao gás de botijão. Alem disso, pode ser observado como se mantêm constantes, no balanço energético, os consumos de energia hidráulica e de derivados da cana de açúcar.

A tabela a seguir, retirada do BEN de 2005, mostra as taxas médias de crescimento anual do PIB e da oferta interna de energia, para alguns períodos específicos.

Período	PIB (%)	Oferta interna de energia (%)
1970/1980	8,6	5,5
1980/1985	1,3	2,7
1985/1993	1,8	1,7
1993/1997	4,0	4,8
1997/2004	2,0	2,4
1970/2004	4,0	3,5

No período entre 1970 e 1980, a taxa de crescimento do PIB era muito acima da taxa de crescimento da energia, significando existir uma eficiência energética, para efeito de geração do referido PIB. Sobre esse índice de eficiência energética é preciso ter cuidado, na comparação entre países, já que um pode ter esse índice menor que o de outro, por ser, por exemplo, alto seu consumo em calefação, devido ao fato de ser um país localizado em latitudes mais elevadas. Entretanto, se o setor industrial de um país não contiver empresas intensivas no uso de energia, as chamadas energointensivas, como as de produção de alumínio, siderúrgicas, indústrias de vidro, olarias e fábricas de cerâmica, predominando as que produzem itens com alto valor agregado, gastando pouca energia, como a construção de aeronaves e a produção de computadores, certamente será um setor industrial energeticamente eficiente para geração de PIB.

Por outro lado, à medida que a qualidade de vida em um país aumentar, seu consumo de energia também tende a aumentar, sem existir um correspondente acréscimo de PIB, o que pode parecer uma tendência para ineficiência energética. Podemos notar também na tabela que, em muitos dos períodos posteriores a 1980, as taxas de crescimento da oferta de energia, que são próximas das taxas de crescimento do consumo, estiveram acima das taxas do PIB.

A partir da série histórica da oferta interna de energia no país, em valores relativos, mostrada no BEN de 2005, pode-se constatar a evolução da participação das fontes de energia no suprimento nacional. Algumas vezes, o consumo de determinada energia em valores absolutos está crescendo, quando sua participação no suprimento nacional pode estar caindo. Para ocorrer tal fato, basta, por exemplo, que todas as fontes cresçam, mas uma delas cresça a uma taxa menor que a das demais. Essa fonte estará perdendo participação relativa, apesar de estar crescendo. Esse foi o caso do consumo de petróleo no período de 1979 a 1984, quando cresceu, em valores absolutos, ao mesmo tempo que sua participação no suprimento nacional decresceu. Nesse período houve um grande esforço de conservação e substituição de derivados, que fez o crescimento do consumo de petróleo não ser tão grande quanto seria, se não existisse o esforço citado.

Na mesma série da evolução da oferta interna de energia, observa-se que os produtos da cana-de-açúcar, especificamente o álcool, tiveram sua participação aumentada no mesmo período, pelo lançamento dos motores a etanol. A lenha, principalmente, e o carvão vegetal têm tido decréscimos constantes de participação no suprimento nacional, desde 1970, o início dessa série histórica, até 1998, quando parece ter ocorrido uma estabilização nas suas participações. O decréscimo da lenha, como já foi dito, é devido ao subsídio do GLP, e o decréscimo do carvão vegetal é por causa da substituição deste por carvão mineral nas siderúrgicas privatizadas. A partir de 1998, constata-se que a participação do petróleo decresceu um pouco e a participação do gás natural aumentou na mesma ordem de grandeza.

A série da evolução da dependência externa de algumas fontes de energia, constante do BEN de 2005, permite observar a queda brusca da dependência externa do petróleo, como já mencionado. O aumento da dependência do carvão mineral estrangeiro deve-se ao acréscimo da produção siderúrgica e à não-utilização de carvão vegetal, aliado à constatação de que o carvão mineral nacional não tem características que o recomendem para uso na siderurgia. Assim, essa importação sempre existirá se quisermos produzir aço somente com carvão mineral, desprezando processos utilizados até recentemente, com o emprego de insumos da biomassa, sob a forma de carvão vegetal. No que se refere à importação de eletricidade, tal fato se deve à aquisição da maior parte da parcela paraguaia, da geração de Itaipu.

Na série histórica do consumo setorial de energia do país, também constante do BEN de 2005, a informação mais relevante a ser observada é o consumo residencial de energia ter permanecido praticamente o mesmo desde 1970 até 2004. A população brasileira aumentou no mesmo período, donde se conclui que o índice de qualidade de vida decresceu. O maior setor consumidor de energia é o industrial, e o segundo maior, o de transporte. O consumo do setor agrícola quase não cresceu, apesar do acréscimo considerável da produção, o que sugere a melhoria da eficiência energética do setor. Cabe notar também que o consumo de energia do próprio setor energético não é desprezível, sendo maior, por exemplo, que o do setor agrícola.

A série da evolução dos consumos setoriais de energia do BEN de 2005 toma o ano de 1970 como base e, portanto, o consumo de qualquer setor nesse ano é igual ao valor base de 100. As várias curvas, a partir desse ponto, mostram os crescimentos dos consumos nos respectivos setores. O setor residencial, como já foi mencionado, não cresceu no período. O setor industrial dos energointensivos e o setor comercial e público foram os que mais cresceram, em torno de 600% até 2004. O setor dos transportes cresceu razoavelmente, mais ou menos 300% no mesmo período, e os demais cresceram muito pouco.

A tabela a seguir mostra a participação das diversas fontes de energia na geração elétrica no Brasil, em 2004, em valores relativos, segundo o BEN de 2005.

Fonte geradora	**Em %**
Energia hidráulica > 30 MW	73,8
Térmicas a carvão e a gás natural	13,0
Energia nuclear	2,7
PCHs (até 30 MW)	1,7
Total gerado no Brasil	91,2
Importação	8,8
Total	**100,0**

A ordenação das próximas obras do setor elétrico envolve fortes interesses econômicos e políticos, que muitas vezes impedem que análises mais abrangentes sejam feitas, visando atingir objetivos econômicos e industriais, com reflexos também no campo social. A retomada da obra de Angra 3, por exemplo, está para ser decidida, proximamente, e no processo decisório deveriam ser considerados os benefícios para o parque industrial, a manutenção dos conhecimentos dominados por competentes técnicos e engenheiros brasileiros, bem como o prosseguimento da política de domínio do ciclo do combustível nuclear, com a lucrativa opção de exportação de urânio enriquecido, agregando valor tecnológico e econômico às vastas jazidas existentes em nosso território. As análises que têm sido apresentadas a respeito do término da obra de Angra 3, por exemplo, não são abrangentes.

De modo simplificado, as opções para geração de grandes blocos de energia elétrica no caso brasileiro, para os próximos

25 anos, são as hidroelétricas, as termoelétricas a gás natural e as nucleoelétricas. As térmicas a óleo combustível e a diesel não são consideradas porque, hoje, com a perspectiva de escassez de petróleo, não se deve imaginar a queima de derivados para geração elétrica, a não ser em regiões distantes e se não existir outra opção. Eles devem ser preservados para o setor de transporte e para usos do setor industrial. Também as térmicas a carvão para a geração de grandes quantidades de eletricidade, utilizando o carvão nacional, causariam problemas ambientais e, portanto, não devem ser consideradas em análises. Deveriam ser considerados, para as opções tecnológicas viáveis, o custo da energia gerada, a necessidade de investimento, a possibilidade de agregação de potências ao sistema nacional, a necessidade de obras de transmissão para escoar a nova energia gerada, o impacto ao meio ambiente, as compras no país na época dos investimentos, o impacto no desenvolvimento tecnológico nacional, a geração de empregos durante a construção e a operação, as possibilidades de financiamento, além de outros dados.

O consumo setorial da eletricidade em 2004, mostrado a seguir, foi retirado do BEN de 2005.

Setor consumidor	**Em TWh**
Industrial	172,1
Residencial	78,6
Comercial	50,1
Outros setores	58,8
Total	**359,6**

No Brasil, em 2004, 3,2% das residências ainda não possuíam iluminação com energia elétrica, segundo a Pesquisa Nacional por Amostra de Domicílios (PNAD) do Instituto Brasileiro de Geografia e Estatística (IBGE). Se a distribuição de renda melhorasse no país, o consumo industrial de eletricidade aumentaria e o residencial bem mais. No Brasil, o consumo de eletricidade é tão mal distribuído quanto a renda, aliás, como o consumo de qualquer outro bem ou serviço elástico.

A estrutura do consumo de derivados de petróleo no país, em 2004, compõe a tabela a seguir, também retirada do BEN de 2005.

Derivado	**Consumo total de derivados (%)**
Diesel	37,0
Gasolina	14,6
Nafta	10,8
GLP	7,7
Óleo combustível	7,5
Outros	22,3
Total	**100,0**

A tabela mostra que o diesel é o derivado mais consumido, representando mais de um terço do consumo total de derivados. Note que, desde os choques da década de 1970, o país tem buscado conservar e substituir derivados, tendo tido sucesso com a substituição da gasolina por álcool e do óleo combustível e do GLP por gás natural. O governo teve algum sucesso também com medidas de conservação de derivados no setor industrial, e em certa conservação no consumo do transporte rodoviário individual. Pode-se ver, no entanto, que não houve, até hoje, uma proposta de grande impacto no consumo de diesel e, assim sendo, não é de surpreender o fato da participação desse derivado, no consumo total, estar alta.

Nesse contexto de dúvidas quanto ao fornecimento futuro de combustíveis e custos que fogem a quaisquer lógicas de previsão, as alternativas oferecidas pela biomassa poderão ter papel relevante na matriz energética nacional, assumindo uma posição de destaque, como ocorreu com o etanol. Para tal, no entanto, será importante que os órgãos governamentais responsáveis, abandonando interesses políticos e eleitorais, fixem objetivos de médio e longo prazos, dentro de um planejamento nacional integrado, como ocorreu com o Proálcool.

O complexo tecnológico e agroindustrial integrado criado com esse programa bem demonstra a viabilidade da biomassa, devendo outros energéticos serem equacionados, de maneira a atenuar, cada vez mais, a dependência dos produtos fósseis e contribuir com o esforço internacional para a redução do efeito estufa, ameaça concreta para toda a humanidade. Muita cautela, porém, será exigida dos órgãos governamentais responsáveis pelo setor, evitando a proliferação de panacéias, freqüentemente apresentadas de forma fantasiosa e leviana, como solução para complexas questões, tanto no campo das energias alternativas, como no dos graves desníveis e carências sociais.

Artigo do professor Rogério Cerqueira Leite[10] (8) aborda, em grandes números, a questão da biomassa, ressaltando que a humanidade consome 3,5 bilhões de toneladas de petróleo por ano, sendo necessária uma área agrícola equivalente ao território brasileiro, para possibilitar, apenas, a substituição do petróleo, tomando-se como referência a produtividade média das boas áreas de cultivo no país. Se a meta fosse substituir todos os combustíveis fósseis, além do petróleo, como carvão, gás e outros, a área necessária deveria ser três vezes maior, mostrando a impossibilidade da solução biomassa atender a todos quando a prioridade são os alimentos. Nesse contexto, e em especial para os países do Hemisfério Norte, soluções tecnológicas sofisticadas estão sendo estudadas e experimentadas, sendo as células de combustível que processam hidrogênio um dos caminhos com boas expectativas

10. Físico e professor da Unicamp.

para o transporte automotivo. Seu elevado custo, no entanto, ainda não atende às necessidades de aceitação do mercado.

Os países da faixa tropical, dispondo de energia solar abundante, devem buscar soluções próprias, como ocorreu, no Brasil, com o Proálcool. Num esforço conjunto do governo e empresários, dominamos técnicas agrícolas e industriais capazes de satisfazer a demanda interna, gerando milhares de empregos e evitando a dependência de tecnologias inadequadas e dispendiosas. Com o continuado aumento da produtividade, a agroindústria foi capaz de gerar excedentes que estão sendo negociados no mercado internacional, resultando em preciosas divisas.

Com um programa semelhante, o cultivo de oleaginosas específicas poderia proporcionar a produção do chamado biodiesel, que é resultante de um processo de esterificação do qual se obtém o éster etílico e surge como resíduo a glicerina. Os resíduos do processo deverão ser integrados em complexos industriais para que, através das gliceroquímicas, produzindo compostos de elevado valor agregado e amplo mercado, se reduzam os custos do produto primário – o biodiesel – a ser oferecido como alternativa energética abundante e ecologicamente preciosa.

Em meados de 2006 a Petrobrás anunciou o domínio de um novo e importante processo industrial, com a produção do H-Bio, resultante da adição direta do óleo vegetal ao diesel do petróleo e seguindo-se a uma hidrogenação da mistura, sem os inconvenientes dos volumosos resíduos de glicerina resultantes do citado processo de esterificação. A esses dois processos se soma, alternativamente, a mistura direta do óleo vegetal ao gasóleo, que é a carga natural das unidades de craqueamento catalítico das refinarias, para a obtenção dos derivados. Nesse caso, todos os derivados resultantes terão um percentual correspondente aos produtos vegetais agregados. A desvantagem do craqueamento direto sobre o H-Bio é a produção de maior percentual de gasolina, quando comparado ao diesel resultante, que, no caso dos desejados combustíveis alternativos, ocupa posição preferencial.

Constata-se, dessa forma, a disponibilidade de várias rotas alternativas para a utilização dos óleos vegetais, a serem utilizadas em função dos volumes de oferta do mercado agrícola, custo e região de origem, investimentos necessários para cada processo disponível etc.

A demanda por áreas agrícolas para a produção das oleaginosas, atualmente amplamente dedicadas à produção de alimentos, poderá ser, em parte, suprida por mais uma das benesses que a natureza proporciona aos países da faixa tropical, que é o sol abundante. Além dos estímulos à agricultura familiar e aos pequenos produtores, com incorporação essencial na produção de biomassa para fins energéticos, o Brasil, em especial, detentor de grandes áreas agricultáveis, tem nas entressafras as chamadas safrinhas, o período disponível para a implementação de grandes programas desses biocombustíveis, mas cada região deverá ter seu esquema próprio, sendo impossível um modelo padronizado dentro da diversidade do nosso país-continente.

Na evolução do consumo setorial de derivados, constante do BEN de 2005, é bem visível o efeito do choque do petróleo de 1979, a constância do consumo residencial ao longo do tempo, composto basicamente do consumo de GLP, e a estagnação a partir de 1997 de todos consumos, pois o salário médio do trabalhador no país está praticamente estagnado desde então.

Na evolução do consumo da biomassa, que pode ser vista no BEN de 2005, é constatada a introdução do álcool no setor de transporte, a partir de 1976, cujo nível de consumo tem se mantido praticamente constante desde 1986. Pode ser observada também a diminuição paulatina do consumo de lenha no setor residencial, já citada, até o início dos anos 1990, quando estagnou em um nível não tão baixo quanto seria desejável. Como praticamente não há replantio, excluídas as grandes plantações destinadas à produção de celulose, em termos de meio ambiente, seria melhor se o consumo do GLP continuasse sendo incentivado. Em compensação, a participação da biomassa vem aumentando no setor industrial.

Cabe salientar, ainda, dentro das características do setor energético nacional, a parcela considerável do gás natural destinada à reinjeção e não aproveitada, 26% do total, embora o aproveitamento nunca pudesse ser completo por razões econômicas.

A SITUAÇÃO ESPECÍFICA DO SETOR DE PETRÓLEO

Como a Petrobrás exporta uma parcela da sua produção de óleo pesado e importa óleo leve para atender a sua necessidade de refino; como ela produz petróleo no exterior; como existe hoje firma estrangeira produzindo petróleo no país, que não é mais destinado para o nosso abastecimento; e como a produção de qualquer país sofre variações naturais ao longo do tempo é impreciso afirmar o momento exato em que o país passa a ser auto-suficiente em petróleo. Assim, em meados de 2005, como o consumo de petróleo do Brasil foi da ordem de 1,8 milhão de barris por dia (b/d) e a produção da Petrobrás foi pouco abaixo desse valor, o Brasil estava próximo de atingir a auto-suficiência.

As reservas provadas da Petrobrás, que não mais se confundem com as reservas no país, no final de 2005, eram da ordem de 16 bilhões de barris, o que representa uma capacidade de abastecimento do país por 17 anos, supondo-se um crescimento médio do consumo de petróleo de 4% ao ano. Note que, em 2005, a Shell esteve exportando a sua parcela da produção dos campos de Bijupirá e Salema, cerca de 70 mil b/d. Esses campos fazem parte de uma parceria constituída pela Petrobrás há algum tempo.

As comparativamente pequenas reservas de empresas estrangeiras no país, no final de 2005, conseguidas, basicamente, graças às parcerias da Petrobrás, não são mais nacionais, tendo em vista que serão exportadas, exceto uma parcela ínfima, como será visto mais à frente. No entanto, as reservas em território nacional pertencentes a estrangeiros tendem a crescer à medida que as rodadas de licitações de áreas para exploração e produção de petróleo, realizadas pelo governo brasileiro, através da ANP, continuam a ocorrer. Em 2006, outras empresas estrangeiras, além da Shell, estarão produzindo nosso petróleo, em outros campos, e o exportando. A pergunta óbvia que se faz e à qual as autoridades nunca respondem é se esse petróleo não será necessário no futuro, quando a escassez mundial estará muito grave e as reservas em poder da empresa estatal estarão diminuídas. Como o povo desconhece o que está ocorrendo, pois ele é deixado propositalmente sem informação, e como o mundo político continua elaborando leis impatrióticas e entreguistas, o Estado brasileiro, com suas veias abertas, permite essa predatória exploração do patrimônio nacional, e o precioso ouro negro do país, por meio da exportação consentida, jorra em terras alheias.

Em 1979, momento do segundo choque do petróleo, o consumo nacional era de 1.079 mil b/d; a produção nacional, de somente 165 mil b/d; e a importação, de 914 mil b/d, o que representava cerca de 85% do consumo nacional. A Petrobrás vinha, até os dois choques do petróleo, investindo prioritária e corretamente no refino, pois o petróleo era barato no mercado internacional. A partir desse ponto, aconteceu o que poderia ser chamado de a "volta por cima", pois a Petrobrás, com muito sucesso e competência, conduziu a sociedade brasileira para os dias atuais de capacitação tecnológica e industrial e auto-suficiência.

Poderíamos descrever, como um trabalho de ficção, como seria o Brasil e a nossa sociedade se a tese da criação do monopólio estatal e da Petrobrás não tivesse sido vitoriosa na década de 1950. Certamente, aqui estariam as grandes empresas mundiais do setor, distribuindo e revendendo derivados de petróleo, eventualmente refinando petróleo, mas com certeza produzindo bem menos no país do que a produção atual da Petrobrás, porque a lógica empresarial as levaria a investir em outras áreas do mundo, bem mais promissoras. Por não se debruçarem sobre nossa geologia e desconhecerem as técnicas aqui desenvolvidas, não teriam ido, provavelmente, para a plataforma continental. O país seria bastante dependente do petróleo externo, o lucro da pouca atividade existente no país, após o pagamento de impostos, seria remetido para o exterior, os derivados estariam bem mais caros no mercado interno e, assim, não existiria a vantagem comparativa que o Brasil possui, hoje, fora da ficção, em relação a outras economias.

Os quadros da produção e da reserva provada histórica da Petrobrás no país, de petróleo, de *Liquefied Natural Gas* (LNG) e de gás natural, de 1953 a 2004, que podem ser obtidos em relatórios da empresa ou na sua página na internet, bem demonstram o sucesso dessa empresa, que representa também o sucesso do Brasil e da sociedade brasileira. A decisão de investir na bacia de Campos correspondeu a um grande lance estratégico e de competência empresarial, haja vista que a produção nessa bacia, tendo começado em 1977, hoje já é responsável por mais de 80% da produção nacional.

A Petrobrás, desde 2000, vem declarando que conseguiria abastecer, em poucos anos, a totalidade da necessidade de petróleo do país e que permaneceria por mais de uma década nessa condição. Portanto, qualquer petróleo adicional descoberto e produzido nesse período de abastecimento garantido pela Petrobrás, pelas empresas estrangeiras que ganharam áreas para exploração e produção de petróleo, nas sete rodadas de licitações já promovidas pela ANP, será exportado. Nessa análise, não se pode considerar que a produção em campos maduros será também exportada, porque, em grande parte, será comprada pela Petrobrás; fora isso, é de pequena monta.

Em perfeito cumprimento da Lei nº 9.478, de 6 de agosto de 1997, a chamada Lei do Petróleo, a ANP entregou, nas sete rodadas de leilões ocorridas até 2005, 594 blocos e 16 áreas inativas com acumulações marginais, para 129 concessionários, valor esse obtido pela soma do número de empresas vencedoras de cada rodada, sem nos preocuparmos com a dupla contagem, pois algumas empresas venceram em mais de uma rodada. Pode-se afirmar que, nos próximos anos, em torno de 40% dos investimentos em exploração será realizado por empresas privadas, sendo a maioria delas estrangeira. Com o passar dos anos, elas certamente encontrarão petróleo e, assim, a parcela da reserva nacional possuída por empresas estrangeiras irá aumentar.

Pela cláusula 11.5 dos contratos assinados entre a ANP e as empresas,[11] se ocorrer uma crise de abastecimento no país, considerada uma "emergência nacional" pelo presidente da República ou pelo Congresso Nacional, o petróleo que faltar para atendimento da demanda de curto prazo terá que ser suprido pela produção interna, mas nada é dito sobre o preço através do qual ele será comercializado. Constata-se, portanto, que na política em curso não há preocupação com o médio prazo, pois o atendimento se refere à necessidade de um mês, à medida que ela deve ser suprida na proporção das produções do mês anterior. Essa cláusula tem sido chamada de *boi de piranha*, pois dá a impressão de que o contrato se preocupa com o abastecimento nacional, quando na verdade assegura o fornecimento do curto prazo, desprezando as necessidades de petróleo dos meses e anos

11. Na página da ANP (disponível em www.anp.gov.br) podem ser lidos os editais e os contratos das rodadas de licitações já ocorridas.

seguintes. Também o fato de o contrato não fixar o preço de comercialização, segundo especialistas em direito, significa que terá de ser usado o preço de venda internacional. Nessa condição, fica a dúvida da finalidade da existência dessa cláusula, pois pelo preço internacional pode-se ir ao mercado e comprar a quantidade desejada.

Certamente, o Brasil cedeu a pressões internacionais para seu petróleo ser exportado, sem haver preocupação com o abastecimento de médio prazo do país. Esse fato foi confirmado por uma publicação da ANP distribuída para os interessados nos leilões de determinada rodada, em *roadshows* de sua divulgação, onde está escrito claramente que as empresas poderão exportar o petróleo que vier a ser descoberto.

O PLANEJAMENTO PROPRIAMENTE DITO

O planejamento do setor de petróleo é parte integrante do planejamento energético, e como derivados competem com outras formas ou fontes de energia para o suprimento nacional, é impossível separar os planejamentos. Por outro lado, o planejamento de qualquer setor econômico ou de infra-estrutura é parte integrante do planejamento do país. Portanto, haveria a necessidade de se possuir um projeto Brasil que nos dissesse onde queremos chegar, por exemplo, a um país independente ou a um simples satélite dentro da área de influência de alguma nação desenvolvida.

Na carência de definições explícitas para o país, porque as inconfessáveis existem na cabeça da elite brasileira e do capital estrangeiro, iremos supor que se deseja um projeto de nação soberana, desenvolvida, com justiça social e democrática. Com relação aos objetivos da política energética nacional, a Lei nº 9.478 os define no seu artigo 1º. Contudo, como muita lei existente "não pega" neste país, nesse artigo pode ser lido, por exemplo, que "as políticas nacionais para o aproveitamento racional das fontes de energia visarão aos seguintes objetivos: preservar o interesse nacional; [...] garantir o fornecimento de derivados de petróleo em todo o território nacional; [...] ampliar a competitividade do país no mercado internacional".

O primeiro objetivo citado é contraditório, pois temos certeza de que, expondo gerações futuras à escassez antecipada de petróleo, pela permissão da exportação do petróleo nacional, não se está preservando o interesse da sociedade brasileira. O segundo objetivo citado só é atendido pela Petrobrás. A lei deveria obrigar, mas isso não acontece, qualquer empresa atuante no Brasil a abastecer com derivados um ponto específico do território nacional, ficando a tarefa, no final, para a nossa empresa realizar. Em outras palavras, as empresas privadas se negam a atender o abastecimento menos rentável, mas de cunho social. O terceiro objetivo citado não é atendido, em flagrante desrespeito a essa lei, uma vez que trazer os preços do mercado mundial de petróleo para dentro do país não "amplia a competitividade do país no mercado internacional", enquanto, pelo contrário, a reduz.

Vamos buscar pensar livremente, a seguir, sobre algumas premissas básicas ou objetivos gerais que devem ser respeitados para o planejamento energético, contendo visão soberana e de preocupação com o bem-estar da população, sem nos preocuparmos em listá-los por ordem de importância. Como primeiro ensaio, citamos que tal planejamento deve garantir a sustentabilidade global, ou seja, um mundo viável para a atual e as próximas gerações. O caráter exponencial do crescimento demográfico e o estilo de vida do mundo rico, composto de aproximadamente 25% da população mundial, que é deletério para os recursos naturais existentes na Terra, são por demais conhecidos.

Admite-se que a humanidade estacionará, eventualmente, o seu nível populacional quando existirem poucas condições de sobrevivência para a maioria, ou seja, epidemias, subnutrição, poluição e outras desgraças se encarregariam de conter o crescimento humano. O ideal desejável e inteligente seria que a divisão da riqueza e as condições de vida fossem mais igualitárias, o crescimento humano fosse contido no nível máximo de reposição e a degradação do meio ambiente fosse trazida a seus níveis mínimos. O mesmo ideal ocorre com o uso dos recursos naturais, pois ele deveria poder nos abastecer pelo tempo suficiente para a espécie aprender a buscar esses recursos fora do seu confinamento planetário atual ou descobrir novas tecnologias que utilizem recursos naturais existentes e, até hoje, intocados.

O professor José Goldemberg[12] transmitiu, em aula magna (9), dados que mostram como o ser humano não tem optado, principalmente nos últimos tempos da sua existência na Terra, por um desenvolvimento sustentável: 1) enquanto foram requeridas 100 mil gerações para que o *homo sapiens* atingisse uma população de seis bilhões de pessoas, a população mundial praticamente dobrará dentro de cinco ou seis décadas, até um possível "estado estacionário"; 2) o mundo desenvolvido passará a conter não mais que 15% da população mundial, tornando mais agressivas a pobreza e a miséria mundial; 3) os deslocamentos de materiais feitos pelo homem chegam a ultrapassar os naturais na geosfera; e 4) o dióxido de carbono (CO_2) na atmosfera aumentou 20% em 150 anos, sendo que a queima de combustíveis fósseis contribui com 81% das emissões de gases do efeito estufa nos países desenvolvidos.

Saindo da questão mundial e olhando para a situação brasileira, pode-se concluir que uma premissa necessária para a reali-

12. Físico, professor da USP e ex-ministro da Ciência e Tecnologia.

zação de planejamento energético no Brasil é que toda sociedade deve ser satisfeita com relação à demanda de energia ou, como é comumente expresso, deve existir a universalização do serviço de fornecimento de energia.

Assim, deve-se buscar disponibilizar energia para as comunidades carentes, certamente subsidiada, e para as das regiões mais remotas do país, distantes dos grandes centros. Por racionalidade econômica, redes de distribuição de energia não serão levadas a essas regiões, devendo ser utilizadas soluções energéticas locais, com o uso de tecnologias de fontes descentralizadas, mesmo que o custo da energia gerada seja superior ao custo médio da energia do país. Muitas vezes, uma região só tem soluções energéticas caras, porque a transmissão até ela é cara e as fontes disponíveis para o seu abastecimento ainda não foram suficientemente desenvolvidas, de modo a baratear o custo da energia produzida.

Mesmo assim, a energia deve ser garantida, com possíveis subsídios, porque a pior solução é deixar a comunidade sem disponibilidade de energia. Se assim não for feito, existirá mais um incentivo para seus habitantes migrarem para os grandes centros, onde passarão a consumir cinco vezes mais energia, pois esta é a relação entre o consumo de energia do homem da cidade e o do campo. Na cidade, é preciso energia, adicionalmente em relação às necessidades no campo, para o transporte (carro, ônibus, metrô, trem etc.), o bombeamento de água e esgoto, a iluminação pública, o comércio, o acionamento de elevadores etc. Por isso, sob o ponto de vista estritamente energético, a reforma agrária é um programa de conservação de energia, à medida que fixa o homem ao campo, onde ele a consome menos. Aliás, o Movimento dos Sem Terra (MST) deveria buscar verbas para os seus assentamentos no MME, pois se trata de um programa energético. Seria necessário quantificar a economia de energia elétrica e de combustíveis proporcionada por um assentamento com determinado número de pessoas, supondo que tais pessoas, se não forem assentadas, irão para as grandes e médias cidades.

Entretanto, se a zona rural estiver próxima da grande rede de distribuição de energias convencionais, a lógica comercial permite a extensão da rede até os novos consumidores, eventualmente com algum estímulo governamental, pois a dispersão da demanda irá requerer investimentos razoáveis. No entanto, o caso das comunidades isoladas é o exemplo típico de problema que acarretará, se for deixado para o mercado resolver, o aumento da mendicância nos grandes centros.

É interessante analisar o crescimento do consumo humano de energia em função da atividade que é exercida, o que serve também para mostrar a evolução do consumo energético da humanidade. O homem primitivo precisava para, basicamente, se aquecer e assar alimentos, segundo estimativas, de cerca de 2 mil kcal por dia *per capita*, que representa menos de um centésimo da energia consumida pelo homem atual. Depois, o homem buscou ter alguma iluminação na sua moradia e começou a se comunicar e a fazer trocas com outros homens, moradores de locais distantes, tendo necessitado da energia de animais para ajudá-lo a vencer as distâncias. Começou, quase simultaneamente, a plantar e colher alimentos e criar animais, o que requisitou mais energia, chegando a consumir, segundo estimativas, de 12 mil kcal por dia *per capita*.

Dando um grande salto, chega-se à época moderna em que já existe a produção industrial, incluindo as produções energointensivas, a produção agrícola em larga escala, o comércio entre regiões bem distantes, as megalópoles, com grande dispêndio de energia para o seu abastecimento de bens e serviços, a divisão do trabalho em especializações, que requer o encontro de diferentes profissionais, em um mesmo tempo e local de trabalho, tudo isso fazendo explodir a demanda energética. Sabe-se que, hoje, o homem requer, em média, em torno de 230 mil kcal por dia *per capita*, para mover motores, bombas, veículos, gerar calor, refrigerar, iluminar, enfim, realizar o trabalho e proporcionar o conforto que a energia ocasiona.

Entretanto, hoje prevê-se que, com a escassez de combustível fóssil barato, com as pesquisas tecnológicas, buscando materiais com baixo teor de energia embutida e processos energeticamente mais eficientes, com a evolução das comunicações, que pode representar menor consumo de energia devido à redução dos aglomerados humanos, com a ida do homem para o campo para realizar atividades a distância, inclusive representando ganho de qualidade de vida, teremos fatores que forçarão a demanda de energia a cair.

O Índice de Desenvolvimento Humano (IDH) nacional tem razoável correlação com o consumo de energia *per capita* do país. A conscientização de que a energia precisa estar disponível para que ocorra o desenvolvimento social é importante. Contudo, só a existência de energia não garante esse desenvolvimento, ou seja, o ato de disponibilizar a energia é condição necessária, mas não suficiente.

Somando-se a esse fato, qualquer comparação entre países precisa ser revestida de cuidado especial, senão pode-se chegar a conclusões erradas. Já foi citado que a energia hidráulica necessária para gerar determinada quantidade de eletricidade representa um valor bem menor que as energias dos combustíveis fósseis das alternativas de geração, desde que a unidade de medição não seja o kWh. Um outro exemplo é representado por um país que tem grande número de indústrias energointensivas e baixo consumo de energia pela sociedade, fazendo com que o consumo de energia *per capita* não represente a baixa satisfação da sociedade com relação ao uso da energia.

Dessas discussões, vem à tona uma questão importante que consiste em decidir se o planejamento energético de um país deve buscar um desenvolvimento energético com conquista de boa distribuição de energia na sociedade ou supor a permanência da má distribuição existente. Como já foi dito, em uma sociedade com má distribuição de renda, o consumo de energia é tão mal distribuído quanto aquela.

Muitos técnicos advogam que o cidadão pobre precisa, em primeiro lugar, aumentar sua renda para, depois, passar a consumir mais energias comerciais. Isso porque qualquer iniciativa para oferecer energia em conta para os pobres significa subsidiá-la para essa classe, o que é reprovável, segundo eles, por ir contra as leis do livre mercado.

É importante lembrar que, antes do advento neoliberal no país, o óleo diesel era colocado em todas as regiões pelo mesmo preço, possibilitando aos consumidores de eletricidade obtida com geradores diesel no Alto Amazonas não serem penalizados com um preço do kWh mais caro, que foi o que passou a existir. Esse posicionamento permitia a desconcentração do crescimento, ajudando outras regiões, diferentes da Sudeste e Sul, a se desenvolverem. Existia, à época, o mesmo conceito de equalização dos preços da energia elétrica para todas as regiões do país. A equalização de preços era baseada no subsídio do óleo diesel de uma região por outra, ou dessa atividade por outra, o que é uma heresia no pensamento neoliberal.

O preço acima do normal da gasolina permitia, ainda, o subsídio ao óleo diesel e ao GLP, o chamado subsídio cruzado. A gasolina é utilizada basicamente no transporte individual de passageiros, o diesel é muito consumido no transporte coletivo de passageiros e no de cargas e o GLP, nos setores residencial e industrial. Os subsídios descritos foram considerados como atos errados pelos adoradores do mercado, pois se estava distorcendo a verdadeira demanda do diesel, do GLP e da gasolina. Não adiantava argumentar que o consumo da gasolina pertencia, na maioria dos casos, à classe média e rica, enquanto o consumo de gás de botijão (GLP) era, principalmente, da classe mais pobre. Chegou-se ao ponto de declarar que as piscinas dos ricos estavam sendo aquecidas com gás de botijão subsidiado, o que pode até ser verdade, mas não foi avaliado o que isso representava no total do consumo de GLP. Além disso, não se poderia esquecer que o barateamento do gás de botijão trouxe enorme benefício social. Repetia-se freqüentemente, na época, que o subsídio representava "um almoço de graça", e que eles não existiam, o que não é verdade, pois os almoços de solidariedade são gratuitos.

Enfim, somos favoráveis à utilização de projetos de infraestrutura do governo para ajudar no atendimento de metas de políticas públicas não relacionadas diretamente ao objetivo do projeto, desde que a consecução desse objetivo não seja comprometida.

Se for analisado o consumo de fontes e formas de energia por faixa de renda das famílias, vai ser constatado que a energia do pobre é, basicamente, a lenha. À medida que se corre, no levantamento, em direção aos maiores salários, a partir dos baixos, pode ser observado que o consumo de lenha diminui e o de GLP aumenta. Por essa razão, toda vez que as condições de renda e emprego melhoram no país, o consumo de lenha diminui e o de GLP aumenta. O inverso também é verdadeiro. Se a análise no levantamento do consumo de energia *versus* faixa de renda familiar for continuada, pode ser visto que as energias do rico são combustíveis: basicamente, gasolina, álcool, GLP ou gás natural, e a eletricidade.

Outra polêmica existente é se países em desenvolvimento devem trilhar o caminho dos desenvolvidos, grandes esbanjadores de energia, ou se devem crescer em um novo modelo mais parcimonioso no uso da energia. Se olharmos o número de veículos por milhares de pessoas de diversos países, um exemplo concreto, vamos transmitir melhor a idéia. O modelo de transporte baseado no automóvel, do modo como é disseminado no mundo ocidental, principalmente nos Estados Unidos, não pode ser assumido por outros países sob pena de o petróleo exaurir mais rapidamente e de ser acelerado o efeito estufa, o que aumentaria a temperatura da Terra e comprometeria a própria vida. Os próprios Estados Unidos devem buscar diminuir a sua frota de carros e produzir carros mais econômicos e menos poluidores.

Os Estados Unidos[13] tinham, em 2001, cerca de 830 carros em cada grupo de mil habitantes, e a China tinha, no mesmo ano, cerca de 12 carros para cada mil habitantes. Neste mesmo ano, o Canadá tinha cerca de 580 carros; a Europa, 540 carros; o leste da Europa, pouco mais de 200 carros; e as Américas do Sul e Central, 105 carros. Se a China, por exemplo, colocar como meta atingir, em futuro próximo, um índice perto daquele dos Estados Unidos, tendo uma população aproximada de um bilhão e 300 milhões habitantes, será um verdadeiro caos. A obtenção dos recursos naturais adicionais exigidos e o acréscimo de poluição devido ao aumento da produção industrial e ao próprio uso dos novos carros irão produzir o caos.

Neste instante, surge a argumentação de que, se a China está se desenvolvendo dentro dos padrões aceitos do comércio internacional, ela é soberana para definir o nível interno de sua industrialização e de funcionamento da sua economia, não sendo possível reclamar da pressão que ela causa na demanda de recursos naturais. Concordamos que o uso dos recursos naturais escassos pelos países deve ser decidido incluindo a ótica humanista, para

---

13. *Fonte:* U.S. Department of Energy, Office of Energy Efficiency and Renewable Energy, FreedomCAR and Vehicle Technologies Program.

poder permitir aos países pobres o consumo desses recursos, e não concordamos com o "direito conquistado de consumir" dos desenvolvidos, que está implícito, de forma bem velada, em artigos que criticam a entrada pesada da China no mercado internacional do petróleo.

Com relação ao impacto ao meio ambiente, a situação é um pouco diferente, pois também não há o "direito conquistado de poluir", mas, pelo contrário, quem muito poluiu no passado deve passar a poluir o mínimo, uma vez que parar totalmente é impossível. Cientistas nos alertam sobre a quantidade de CO_2, um dos gases do efeito estufa, ser cumulativa na atmosfera, exceto o carbono absorvido de volta pela natureza, o que significa que quem mais cedo se industrializou e utilizou grandes frotas de carros é responsável por mais poluição acumulada na atmosfera. Por exemplo, o índice atual de cerca de 12 carros por mil habitantes na China foi atingido pelos Estados Unidos em 1912, demonstrando que este país está poluindo de modo crescente, há muito tempo. O crescimento exponencial da concentração de CO_2 na atmosfera, nos últimos anos, é também constatado em inúmeras publicações. Portanto, a pressão sobre os países poluidores não poderia deixar de existir e, para a minimização da emissão dos gases do efeito estufa pelos países, parcela expressiva da humanidade já conseguiu chegar a um acordo que, se não é o mais perfeito, é um excelente começo, o Protocolo de Quioto. Os Estados Unidos relutam em assinar, infelizmente.

Assim, podem ser retiradas mais duas premissas para o planejamento energético nacional, quais sejam, contribuir para que as metas de desenvolvimento econômico e social sejam atingidas e buscar minimizar o impacto ao meio ambiente.

Baseado nas premissas citadas e levando-se em consideração também os objetivos constantes do artigo 1º da Lei nº 9.478, após serem aprimorados e reordenados, chega-se às diretrizes recomendadas a seguir para o planejamento energético nacional.

1. Suprir a energia necessária ao mercado nacional no curto, médio e longo prazos, garantindo o desenvolvimento do país.
2. Satisfazer às necessidades de toda sociedade, independente da classe social do consumidor, atingindo a universalização do consumo de energia.
3. Utilizar o setor energético como instrumento de implantação de políticas públicas, salientando-se, nessa diretriz, a necessidade das opções energéticas escolhidas deverem contribuir ao máximo com a geração de empregos.
4. Produção, geração, transporte, transmissão, distribuição e consumo de energia devem agredir o mínimo o meio ambiente.
5. Promover a conservação de energia, buscando diminuir a necessidade de suprimento.
6. Garantir a oferta dos energéticos em todo o território nacional, mesmo nos locais mais distantes, incluindo a regionalização das soluções energéticas.
7. Priorizar o uso de fontes renováveis e de não renováveis abundantes no território nacional.
8. Utilizar fontes alternativas de energia, mesmo não sendo as mais econômicas hoje, se, em estudos prospectivos, elas irão contribuir para o suprimento nacional ao ganharem escala.
9. Proteger os interesses do consumidor quanto a preço, qualidade e oferta dos produtos, inclusive através da livre concorrência.
10. Ampliar a competitividade do país no mercado internacional.
11. O abastecimento de energia para o país deve considerar aspectos geopolíticos, inclusive pode-se utilizar a energia como instrumento de integração regional.

Dessa forma, quando deparamos com documentos oficiais, ou páginas na internet de órgãos do setor de energia, explicando, de modo resumido, muitas das ações do setor, temos certeza de que, só por grande coincidência, a sociedade irá ser satisfeita plenamente nas suas necessidades. Há grupos econômicos torcendo para que não haja planejamento, pois planos bem-feitos representam, muitas vezes, dificuldades adicionais para que medidas de interesse de grupos sejam tomadas. Perdoem-nos os que acham que lembrar o passado é pura perda de tempo, mas o grau de sofisticação que conquistamos em matéria de planejamento energético e que serviu para respaldar decisões relativas à energia do país teve imenso êxito, haja vista termos, hoje, 67 GW instalados de energia hidráulica com custo da energia gerada barato e uma produção de 1,8 milhão de barris diários de petróleo a um custo também barato.

Na época atual, em que se busca criar mecanismos no setor público que seriam verdadeiros antídotos contra corrupção, abrir mão de um planejamento sério e criterioso é agir de maneira insegura, facilitando a atuação dos corruptos. Antes de 1990, se o governo se submetesse aos imperativos do mercado, deixando-o livre para escolher as opções energéticas e tecnológicas, sem existir planejamento governamental para balizar a atuação do setor privado, certamente não teríamos os dois feitos recém-descritos.

As ferramentas estatísticas e matemáticas utilizadas em planejamento energético não serão descritas, pois este não é o objetivo deste livro. No entanto, é observado que os resultados do planejamento não devem ser seguidos como dogmas, mesmo porque as condicionantes políticas e geopolíticas não são consideradas nele, mas o aprendizado obtido graças à sua execução é extremamente útil. Ainda com a não-aplicação de planejamento, o conceito de solução energética robusta, que se mostrava atrativa em diferentes cenários, perde-se por completo.

Uma proposta

Em uma das "oficinas", como eram chamadas as reuniões de debates, do V Fórum Social Mundial de 2005, intitulada "Pico da produção de petróleo", foi proposto que as reservas remanescentes de petróleo no mundo fossem consideradas como sendo para o usufruto de toda a humanidade, ou seja, todo petróleo ainda existente estaria à disposição das diversas sociedades, deixando de existir a esperada corrida desesperada pelas produções declinantes, que só acarretaria o aumento de riqueza das empresas petrolíferas e dos países exportadores. Como ocorre com muitas das propostas desse Fórum, para esta também não é explicado como concretizar o desejo expresso, porque a demanda brevemente estará acima da oferta e nada foi dito sobre como será possível satisfazer a todos. Adicionalmente, o petróleo pertence sempre a uma empresa e a um Estado nacionais, que não pretendem abrir mão dele. Não ficou claro, também, qual o preço do petróleo a ser compartilhado.

O apelo humanitário da proposta é grandioso e, portanto, ela foi colocada no local apropriado, onde a solidariedade ainda conta, o Fórum Social Mundial. Contudo, ela está também no sentido oposto do culto à competição existente nos dias atuais. Foi dito nessa "oficina" que, no estágio atual de desenvolvimento da humanidade, ainda existia a aglutinação das sociedades em Estados nacionais, que dificilmente iriam chegar a um consenso, com oposição provável dos que irão perder receita com a socialização do petróleo remanescente. No grupo de debates em questão, não existiam representantes de países exportadores de petróleo.

De maneira limitada, o presidente da Venezuela, Hugo Chávez, faz exatamente o que foi pregado, e o interessante é que, no caso dele, não é retórica; é ação. Ele manda petróleo para Cuba, entrega gás para os pobres nova-iorquinos, enfim, tem preocupação com os mais necessitados. A dúvida fica entre os objetivos humanitários e os interesses políticos regionais, que só o futuro responderá.

Foi dito também que a solução energética de cada sociedade deveria ser obtida no interior de cada Estado. Nesse ponto, foi citado o caso brasileiro, segundo os autores do presente livro, que consiste no fato de a nossa produção de petróleo ainda não ter chegado ao seu pico nem existir expectativa de ela vir a atingir essa marca brevemente. Assim, a sociedade brasileira tem petróleo para um horizonte razoável - sem ser de centenas de anos, como é o caso da Arábia Saudita, se este país não exportasse –, e ela pode usufruir das nossas reservas provadas por, no mínimo, 17 anos se não existir exportação delas para outras sociedades. As reservas totais do Brasil, que são a soma das provadas, prováveis e possíveis, podem durar até 40 anos de auto-abastecimento.

Porém, a melhor parte da proposta é que pode-se, também, "fechar as fronteiras" e praticar um preço para os derivados, internamente, bem abaixo do internacional. A situação descrita é a que traz maiores benefícios para a nossa sociedade, por, no mínimo, 17 anos. Os produtos e serviços brasileiros estariam mais acessíveis para a população e seriam mais competitivos no mercado internacional. Sobre esse tema, sugerimos a leitura do nosso artigo "O bom para eles pode não ser para nós", constante do Anexo I.

Não foi dito no Fórum, mas a melhor maneira de se colocar em prática este modelo é retornar a existência no país do monopólio estatal do petróleo. O monopólio estatal nacional é passível de ser controlado pelo Estado e, portanto, seria mais benéfico para a sociedade que o incontrolável oligopólio privado estrangeiro. A bem da verdade, para haver o mercado fechado, não há necessidade da existência do monopólio estatal no setor, basta o Estado controlar as compras e vendas de petróleo e derivados com o exterior. Entretanto, as empresas estrangeiras, dificilmente, irão querer investir no país nas condições descritas, que são as de máximo interesse social.

A reação da maioria dos presentes à reunião do Fórum foi forte, fazendo até crer que poderiam existir interesses econômicos por trás de alguns dos debatedores, apesar de todos serem ligados a organizações não governamentais sem fins lucrativos, em tese. Disseram que essa alternativa não existia porque o "mercado global" não permitiria atuação diferenciada de um país. Cabe, apenas, perguntar: "Mesmo se o país for soberano?".

Argumentaram que o Brasil não deveria trilhar o caminho errado dos Estados Unidos, que utiliza intensamente os derivados de petróleo, grandes poluidores, já que se pode ir direto para energias alternativas limpas como a solar, eólica etc. Primeiro, não lembraram que o Brasil já usa, de modo intenso, energia hidráulica, álcool, bagaço de cana, lenha e carvão vegetal, todos renováveis e pouco poluidores. Depois, as energias alternativas são assim chamadas exatamente por serem mais caras que os derivados de petróleo, tanto que, se assim não fosse, os derivados é que seriam alternativas da outra energia mais barata. Finalmente, se outros países tiveram, no passado, a chance de usar energia barata para se desenvolver, o Brasil tem o mesmo direito de se beneficiar com o uso de derivados de petróleo baratos, no momento atual, desde que tenha o cuidado de minimizar a poluição.

Disseram que essa posição privaria os países pobres de usar petróleo, pois, se perdurasse o sistema atual, eles seriam os mais prejudicados no futuro por não terem recursos para sua compra. Ações humanitárias podem ser sempre realizadas em apoio aos países pobres que irão sofrer grande impacto. Entretanto, se as pessoas estão tão penalizadas com a situação desses países, poderiam propor a entrega de tecnologias gratuitamente e dos mercados consumidores dos desenvolvidos para eles.

Quiseram saber como poderiam ser oferecidos derivados baratos no Brasil se a abertura de mercado não dá essa garantia. A explicação é que o Estado interviria para garantir, por meio de um órgão seu, a venda dos derivados por um preço que cobriria todos os custos e mais alguma remuneração, mas não conteria a ganância. Também só ocorreriam trocas de petróleo e derivados com o exterior que fossem de interesse da sociedade.

Alguns dos presentes ao debate foram heterodoxos suficientes para propor a socialização do petróleo remanescente no globo, mas ortodoxos bastantes para argumentar que o "mercado global" não permitiria a atuação proposta para o Brasil, apesar da sua atratividade para a sociedade deste país. Devido a essa reação inusitada de alguns dos presentes, de países desenvolvidos, pode-se pensar que, talvez, se sintam os únicos conhecedores do problema energético, não acreditam em soluções fora do sistema internacional e, o que é pior, não reconhecem a soberania de outros estados nacionais.

A responsabilidade do governante

Certamente, não há planejamento sem conteúdo ideológico embutido; mesmo as diretrizes para o planejamento contêm posições ideológicas. Por exemplo, um governo neoliberal, ao encomendar a elaboração de um plano de expansão econômica, determina, como diretrizes, a existência do Estado mínimo, tendo como únicas funções fornecer educação, saúde, segurança etc., a desregulamentação da economia, a participação exclusiva de empresas privadas na expansão da infra-estrutura, o controle da inflação em baixos níveis, através da fixação da taxa básica de juros em valores altos etc. Se o grupo no poder fosse desenvolvimentista, as diretrizes seriam outras. Resta perguntar quais as verdadeiras diretrizes que estão sendo seguidas pelo setor energético brasileiro, no período de 2003 a 2005. No período de 1995 a 2002, neste setor e em todos os outros, sabe-se que ela foi neoliberal.

Espantamo-nos, muitas vezes, quando, pela aparência, achamos que não há diretrizes colocadas por um governo e, *a posteriori*, descobrimos que elas existiam, só não eram explicitadas, embora tivessem sido seguidas à risca. Nessa linha de pensamentos, respondendo à pergunta formulada, existe uma espécie de atuação pendular no setor energético, no período de 2003 a 2005. Por um lado, entregam-se áreas do território nacional para exploração e produção de petróleo por empresas estrangeiras e, por outro, a Petrobrás é fortalecida, à medida que a utilizam para aumentar as compras no país do setor, a fim de participar ativamente dos leilões da ANP etc. No setor elétrico, por um lado, não se fala mais da privatização de Furnas, nem de nenhuma outra empresa do setor; contudo, por outro, perdoa-se a AES de parte da dívida.

De qualquer forma, estão deixando decisões importantes do setor de energia para o "mercado", como, por exemplo, as decisões sobre as tecnologias, o local das compras, o grau de satisfação da população, o preço da energia vendida, os excluídos do fornecimento etc., que estão sendo tomadas pelas empresas ou por representantes do interesse delas.

Para o planejamento do setor de petróleo, tem-se que utilizar uma ferramenta que permite analisar alternativas de decisão em situações de incerteza. Antecipando trecho que será mais detalhado à frente, para poder, inclusive, mostrar a ferramenta de análise citada, a produção mundial futura de petróleo é prevista com dois enfoques bem diferentes. A primeira previsão diz que há petróleo suficiente para os próximos 40 anos e que o preço irá subir pouco acima da inflação nos próximos 20 anos. Ela é defendida pelas empresas petrolíferas, pelo governo dos Estados Unidos, pela OCDE e a Organização dos Países Exportadores de Petróleo (Opep),[14] todos com interesses econômicos e estratégicos que combinam com essa previsão. A segunda diz que o importante não é o momento em que a última gota de petróleo será consumida e, sim, o ponto em que a curva da produção mundial de petróleo passa pelo seu máximo, pois, a partir dele, ela será decrescente e o preço do petróleo irá disparar. Essa previsão é defendida mundialmente por um grupo de professores universitários e de técnicos que já trabalharam em empresas de petróleo e estão aposentados. Serão chamados, neste texto, para desenvolvimento do raciocínio, de autores independentes.

Esses autores previam que o ponto em que a produção mundial irá passar pelo seu máximo ocorrerá entre 2005 e 2010, ou seja, muito em breve. Graças à situação de incerteza existente em um dado relevante, como a curva da produção de petróleo, sugerimos a utilização de árvore de decisão para análise, possibilitando uma tomada de decisão mais consciente. O raciocínio da árvore de decisão é mostrado a seguir como ferramenta de ajuda para o planejamento em questão.

Atualmente está ocorrendo um momento de decisão que irá influenciar muito o futuro. Poderão ser adotadas, hoje, precauções, acreditando-se nas projeções dos autores independentes. Como já foi citado, planejar um mercado fechado de petróleo e derivados, onde são controladas a exportação e a importação, de forma que os preços dos derivados no país sejam inferiores aos do mercado internacional, trará benefícios para a sociedade. Então, as precauções são: não deixar o petróleo e derivados serem exportados e importados, livremente; e impor por intermédio da empresa estatal do setor preço abaixo do internacional.

Seja tomada essa decisão ou não, daqui a dez anos, vai se saber se os autores independentes tinham razão. Por isso, para

14. Países membros: Argélia, Arábia Saudita, Catar, Kuwait, Emirados Árabes Unidos, Indonésia, Irã, Iraque, Líbia, Nigéria e Venezuela.

cada alternativa oriunda da decisão tomada, existem as alternativas de terem ocorrido as previsões dos autores independentes ou não.

Pela combinação das posições com relação à decisão a ser tomada nos dias atuais e ao que irá ocorrer com a produção mundial de petróleo, chega-se a quatro cenários do impacto futuro para a sociedade devido à decisão tomada agora, descritos a seguir.

O primeiro cenário corresponde à alternativa "acreditou-se nos autores independentes e ocorreu o que eles previam". Nesse cenário, o Brasil irá gozar de posição privilegiada no mundo, pois terá o seu abastecimento de derivados de petróleo garantido, apesar da crise mundial, e a preços mais baixos que os internacionais. Portanto, existirá uma vantagem comparativa para os produtos do Brasil no comércio internacional, além de a sociedade estar consumindo diretamente derivados a preços menores que os internacionais.

O segundo cenário é a alternativa "acreditou-se nos autores independentes e não ocorreu o que eles previam". No presente cenário, o Brasil terá os preços dos derivados iguais aos internacionais, que estarão baixos. Não existirá dificuldade de abastecimento e, tampouco, vantagem comparativa para nenhum país. O Brasil terá investido mais do que o necessário no setor.

O terceiro cenário é representado pela alternativa "não se acreditou nos autores independentes e ocorreu o que eles previam". Nesse caso, o Brasil estará em péssima situação, pois terá que comprar o seu próprio petróleo das empresas estrangeiras a preço internacional, que estará muito alto. O petróleo contribuirá para o retorno do problema da falta de divisas. Outros países, sem problema de divisas e sem reservas de petróleo, se abastecerão com o petróleo extraído do nosso território. Os derivados estarão caros em qualquer lugar do mundo, inclusive no Brasil. A Petrobrás terá exportado muito do seu petróleo quando ele ainda era barato, em comparação aos preços futuros.

O quarto cenário corresponde à alternativa "não se acreditou nos autores independentes e não ocorreu o que eles previam". Nesse cenário, o Brasil comprará o seu próprio petróleo a preços internacionais, mas estes estarão baixos, não chegando a existir impacto negativo na nossa economia.

Nesse ponto da análise, muitas pessoas dizem que não acreditam nas previsões dos autores independentes, portanto não há com que se preocupar. Ou seja, elas acreditam que irá ocorrer o quarto cenário. O cidadão comum pode aderir a essa posição ou a qualquer outra, sem preocupação, pois ele não toma decisão que irá repercutir para toda a sociedade. No entanto, os representantes do governo que estão dirigindo a sociedade para diferentes opções de futuro não podem pensar de maneira simples. A responsabilidade deles para com a sociedade não lhes permite falhar. Esse dirigente precisa decidir pelo caminho da máxima segurança, a menos que o caminho leve a um aumento brutal do custo médio da energia no país, que não deve ser o caso.

Essa árvore de decisão serve, portanto, para mostrar como o futuro pode ser diferente, dependendo de variáveis exógenas e das nossas decisões. A grande conclusão, além da necessidade de se ter que agir com máxima segurança, é que há a necessidade de se fazer um planejamento estratégico para o setor de petróleo do país, levando-se em conta, principalmente, aspectos geopolíticos e sociais. Seria democrático se o resultado desse planejamento fosse remetido para o Congresso Nacional para ser julgado.

Se for ocorrer o que esperam os autores independentes, é melhor para a nossa sociedade que volte a ter só a Petrobrás explorando e produzindo petróleo no país, pois ela poderá ser a executora da política de governo que irá colocar derivados na economia a preços menores que os internacionais, sem essa empresa ter prejuízo. O que ocorre nesse setor é atípico, pois o fato de existir mais de uma empresa explorando e produzindo petróleo no país não traz redução deste em termos de preço, uma vez que ele é formado com base no preço internacional, que conterá forte parcela de especulação devido à expectativa de escassez reinante. Entretanto, o preço da Petrobrás poderá ser formado pelo princípio do custo mais um lucro normal, ficando certamente aquém do preço internacional.

Sabe-se que, para tal, haverá a necessidade de mudar a Lei nº 9.478, retirando-se a posse do petróleo de quem o produzir, que seria remunerado somente pelo serviço prestado. As formas de conter a sangria do petróleo nacional são inúmeras, podendo-se, inclusive, retornar ao artigo 177 original da Constituição. Como não poderia deixar de ser, os contratos já assinados das rodadas de licitações ocorridas seriam honrados se juridicamente for impossível cancelá-los. A Bolívia, nesse início de 2006, nos dá um exemplo real do que poderá suceder.

No entanto, a mudança da referida lei não precisa ser feita de afogadilho, basta que se paralisem, no curto prazo, pelo menos enquanto se processa a reforma, as rodadas de leilões promovidos pela ANP de áreas para a exploração e produção de petróleo e gás natural. A mudança dessa lei representará um grande embate político e ideológico, pois ela é um marco do pensamento neoliberal e globalizante, existente na recente legislação brasileira, tendo-se por pensamento globalizante aquele desvinculado dos verdadeiros interesses da sociedade nacional. Incluído na mudança, qualquer que seja o modelo de funcionamento do setor que venha a prevalecer, quer seja com o monopólio estatal ou o oligopólio estrangeiro adicionado à Petrobrás e a uma dúzia de empresas privadas nacionais de pequeno porte, está a exportação do petróleo nacional ser proibida por interesse da sociedade.

Neste ponto do diálogo, os defensores do modelo definido através da Lei nº 9.478 alegam que, se as empresas petrolíferas estrangeiras não puderem exportar o petróleo descoberto, não investem no Brasil, nem em lugar algum do mundo subdesenvolvido. Primeiro, essa afirmação deixa claro que elas estão aqui para exportar o petróleo por elas descoberto no país e, conseqüentemente, não estão vindo para suprir nossa eventual necessidade de petróleo, o que é bastante apregoado. Portanto, o governo brasileiro está permitindo retirarem o petróleo do país para abastecer outros, por uma ninharia de bônus pagos em troca das áreas licitadas, algumas taxas e impostos sobre a produção, que são baixos, e uma ativação questionável da economia, à medida que as compras locais têm sido bem menores do que poderiam ser, tópicos esses que serão tratados com mais detalhes à frente. Como aceitar e compreender o fato de o governo anunciar preparativos para a próxima oitava rodada de licitações, antes das eleições presidenciais de outubro próximo?

Em julho de 2005, o próprio presidente da República, Luiz Inácio Lula da Silva, sem entender a gravidade do problema, durante o discurso em uma unidade da Petrobrás, mencionou não haver problema com a entrada das empresas estrangeiras no Brasil, porque "como a Petrobrás está indo para a Nigéria e a Bolívia, as empresas estrangeiras podem vir para cá". De início, a tese da reciprocidade deve ser sempre reivindicada, principalmente por quem está sendo prejudicado. Não existem empresas da Nigéria e da Bolívia reclamando por quererem vir para cá e não poderem. Em segundo lugar, mesmo que a situação descrita pelo presidente se relacionasse a um país que possui empresas capazes de vir para o Brasil, deve-se avaliar com cuidado o que é melhor para nossa sociedade. Seria melhor abrir aqui e participar no outro país ou não abrir aqui e não participar lá? Acima de tudo está o interesse nacional. Finalizando, a tese da reciprocidade não é respeitada, muitas vezes, como é o caso das barreiras para produtos agrícolas estrangeiros que os Estados Unidos e a União Européia têm, não adiantando em nada o Brasil ter escancarado as portas para os produtos industriais e serviços estrangeiros, e a Bolívia, mais uma vez, deveria servir como exemplo para reflexão.

Não devemos esquecer que a política influi sobremaneira no processo de tomada de decisão de qualquer área do governo, inclusive da área de energia. O julgamento de valor de decisões políticas não pode ser analisado sumariamente. Entretanto, a decisão mais viável sob o ponto de vista político pode ser bem diferente da opção de maior impacto social. Constata-se que o interesse de um grupo político forte por determinado projeto aumenta sua possibilidade de implementação e sucesso.

Apesar de a sociedade estar em uma fase de repúdio à atividade política, esquece-se que a maneira de organização dela própria é política e o sonho de dias melhores para o nosso povo só tem saída pela via política. Os governantes chegam ao poder em um processo político, portanto, não podem deixar de ouvir as reivindicações de grupos de interesse. O problema ocorre quando grupos de interesse reivindicam ações do governante que são contrárias ao julgado como de interesse coletivo. Mesmo assim, o governante pode tentar dissuadir o grupo de interesse de seu propósito e tão mais próximo de um estadista ele estará se conseguir mobilizar forças para atuarem no sentido do bem comum, contrariando os grupos restritos.

Entretanto, se a grande massa não reivindica o que é melhor para ela – o que, na maioria das vezes, ocorre sem ela ser culpada –, por ser desinformada, não politizada e, conseqüentemente, manipulável, fica difícil para o governo aprovar ações que a beneficiem, mesmo que tenha a intenção. Por presenciarmos projetos econômica e socialmente duvidosos serem implementados, por serem compensadores para os grupos de interesse que os suportam, recomendamos e torcemos para que haja maior participação da sociedade nas decisões principais deste país. O povo tem de, democraticamente, tomar as rédeas do processo de mudanças.

Ouvimos, freqüentemente, presidentes e diretores de órgãos públicos dizerem que são técnicos e que suas ações seguem o mais preciso rigor profissional. Muitas vezes, eles estão tomando decisões políticas e incluindo uma roupagem técnica nelas. Agem assim porque, para a população, a decisão política é contra a sociedade e corrupta, o que não ocorre necessariamente. Aspectos políticos e técnicos devem ser analisados em conjunto pelo tomador de decisão. Na verdade, os maus políticos têm pouco apreço à solução técnica, só a considerando quando ela recomenda o projeto já escolhido.

Mesmo que o fator preponderante considerado para a tomada de decisão seja o político, análises técnicas devem continuar sendo feitas para, se as recomendações técnicas não forem aceitas, saber-se, no mínimo, o grau de prejuízo que a decisão só política estará acarretando.

Quando um grupo político dos mais bem-intencionados chega ao poder, no regime em que vivemos, felizmente, não terá poder absoluto. Muitos compromissos são selados durante a campanha com aqueles que, de alguma maneira, conseguem trazer votos para o então candidato. Existem compromissos selados diretamente com o povo, mas são em número limitado, e quase nunca incluem a política energética. No entanto, a população está, nos dias atuais, bem mais atenta para a linha geral de ação de qualquer nova administração. Ela identifica, corretamente, se o governo está tomando ações em busca da melhoria do bem-estar social, se promove o desenvolvimento econômico, se recrimina e inibe a corrupção, se privilegia o trabalhador, o produto e o serviço nacional, e por aí vai.

À luz dessas considerações, achamos que a questão energética nacional, apesar de primordial para que se atinja um Brasil desenvolvido, não é reconhecida como tal pela sociedade e pelos governantes, pelo menos, até ocorrer a próxima crise do setor.

3

Valor estratégico do petróleo

O petróleo é o energético para o qual existem os mais eficientes desenvolvimentos tecnológicos, permitindo, depois da sua transformação em derivado, a utilização do poder calorífico nele contido em engenhos que beneficiam a espécie humana, nos setores de transporte, industrial, residencial, de geração de eletricidade e outros. Os desenvolvimentos tecnológicos de fontes e formas alternativas de energia, nos próximos 15 anos, pelo menos, não conseguirão fazer com que se substitua, fortemente, o petróleo no suprimento energético das economias mundiais. Tampouco outros combustíveis tradicionais, como o carvão mineral, por exemplo, irão tirar dele a posição de supremacia, como fonte de energia, a menos que o preço do barril atinja valores estratosféricos. Daí nossa preocupação maior em formatar uma mensagem aos leitores, visando alertar para os problemas a serem enfrentados pelo Brasil caso persistam as políticas predatórias e antipatrióticas nesse setor, que entregaria nossas modestas reservas para empresas estrangeiras.

O gás natural acarretará alguma substituição significativa, mas contamos também com reservas modestas diante das necessidades do nosso país-continente, mesmo se considerarmos a importação dos nossos vizinhos, a Bolívia em especial. Essa dependência já demonstrou acarretar possíveis percalços, uma vez que, como Estados soberanos e preocupados com o futuro das suas sociedades, passaram, acertadamente, a impor condições de controle e participação nos investimentos de grupos estrangeiros, dentre os quais a Petrobrás se posiciona.

Perante esse complexo jogo de poder e interesses econômicos, é fácil antever que as economias que consideram ser possível compensar a exaustão de suas jazidas de hidrocarbonetos e migrar muito cedo para outros energéticos, excetuando a migração para o gás natural, certamente não avaliaram bem os óbices a serem superados, em alguns segmentos da economia, e perderão competitividade no comércio mundial. Logo, ter garantia de suprimento de petróleo, pelo menos durante a fase de transição para novos energéticos, o que poderá durar até 30 anos, significa ter capacidade de crescer soberanamente, bem como competir no difícil contexto do comércio internacional.

O abastecimento de petróleo a um país com as características do Brasil, a preços razoáveis e por um período de, no mínimo, 15 anos, não pode ser deixado a cargo das livres forças do mercado, que não são tão "livres" quanto querem nos fazer crer. No contexto desse grande jogo de interesses, é estimulado um falso debate sobre o petróleo ser, apenas, uma *commodity*, como vem ocorrendo, há algum tempo, entre os representantes dos interesses das empresas petrolíferas estrangeiras, de um lado tendenciosamente proclamados, por destacados setores da mídia, como especialistas em petróleo, e os competentes técnicos nacionais, do outro, desinteressados de eventuais vantagens financeiras, mas comprometidos com os interesses da sociedade nacional.

O petróleo é realmente cotado na bolsa de *commodities*, mas o debate está longe de ser somente uma questão de definição semântica. Ao dizerem que o petróleo é uma *commodity*, os "especialistas" o estão considerando como um bem qualquer, sem significado de essencialidade, com sazonalidades, e que será abundante nos próximos 15 anos, no mínimo podendo ser comprado facilmente no mercado, a preços razoáveis e estáveis. Para uma *commodity*, os países não precisam realizar planejamento estratégico visando garantir seu abastecimento futuro.

Nossa visão é bem diversa e, por isso, nos colocamos entre os técnicos e estudiosos que prospectam o futuro da logística nacional no setor da energia e seus reflexos nos campos econômico e social, visando garantir o desenvolvimento e trilhando o caminho da máxima segurança. Dessa maneira, consideramos que o abastecimento de petróleo para o Brasil não será tranqüilo, no médio prazo, se prosseguirem em execução as políticas governamentais em curso. Aqueles "especialistas" são, na melhor das hipóteses, inocentes úteis, satisfazendo interesses de outros países e das poderosas empresas petrolíferas estrangeiras.

Se determinado país tiver características que permitam classificá-lo como uma possível potência mundial futura, ou mesmo regional, por possuir, de maneira expressiva, território, recursos naturais, população, valores elevados de produto interno bruto, bom nível de instrução da população, capacidade de geração de tecnologia e parque industrial consolidado e diversificado, associando a esses fatores geográficos, econômicos e sociais valores culturais e políticos, como a unidade étnica, cultural, religiosa e lingüística da sua população, e a existência de uma democracia consolidada, como, de maneira geral, é o caso do Brasil, o seu abastecimento de petróleo não poderá ser decidido sem se analisarem questões geopolíticas, estratégicas e econômicas no contexto de toda a complexa conjuntura mundial.

Tomando por base o ano de 2004, 60,5% da energia consumida no mundo é proveniente de petróleo e gás natural e 36,8% do mesmo total é oriunda só do petróleo (10). É importante salientar que tais valores referem-se às energias comerciais, não tendo sido consideradas as não-comercializadas, como ocorre com a lenha em muitos países em desenvolvimento, por falta de dados confiáveis. Devemos considerar a questão da confiabilidade da fonte de dados energéticos, como os citados anteriormente, originários da *British Petroleum* (BP). Nesse caso, não há razão para se ter qualquer prevenção com relação a eles, uma vez que dados passados pouco sofrem por interferências de interpretação, como pode acontecer com a projeção de dados para o futuro.

O volume das reservas de petróleo de uma região ou país (10) em determinado ano, dividido pelo respectivo consumo (10) no mesmo ano, fornece o número de anos que a região ou país conseguiria se abastecer com o próprio petróleo. Dados desse tipo relativos a 2004, assim como as reservas e os consumos das regiões e países nesse ano, são mostrados em tabelas a seguir, de onde se pode inferir, também, a dependência dessas regiões e países pelo suprimento de petróleo alheio.

Se permanecer o nível de consumo de 2004 e pelo conhecimento das jazidas nesse mesmo ano, existem reservas disponíveis, no mundo, para os próximos 40 anos. Os países desenvolvidos esgotariam suas reservas em menos de cinco anos, se tivessem de ser abastecidos, apenas, com os estoques de suas jazidas. Em compensação, os países que compõem a Opep poderiam se auto-abastecer, se não o fizessem para mais ninguém, por um período superior a três séculos. A Rússia, por exemplo, tem capacidade de abastecimento próprio de mais de 76 anos, enquanto a situação dos Estados Unidos, seguindo a tendência dos desenvolvidos, é drástica, pois as suas próprias reservas dão para o consumo de somente quatro anos. A China também tem a necessidade de buscar petróleo no exterior, uma vez que suas reservas dão para menos de sete anos, ao passo que a situação do Brasil é melhor, embora não tão confortável, pois, como já foi dito, ele consegue abastecer a si próprio por cerca de 17 anos. Note que, apesar de falarmos de anos de auto-abastecimento, nenhum país com pouco petróleo pensa em esgotar, em primeiro lugar, suas reservas. Desse contexto decorre a intensa e, muitas vezes, agressiva atuação das economias mais desenvolvidas e carentes de recursos energéticos, para adquirirem ou mesmo se apossarem, com uso da força, se necessário, dos estoques disponíveis em algumas regiões do globo.

Dividindo-se a reserva provada de uma região ou país (10), em certo ano, pela sua produção diária (10), no mesmo ano, é encontrado o índice R/P (*reserva* dividida pela *produção*) da referida região ou país, naquele ano. Esses índices relativos a 2004 e as reservas e as produções de regiões e países no referido ano são mostrados em tabelas a seguir. Os índices "anos de abastecimento próprio" e R/P servem para verificar se o país, ou a região, tem a folga necessária que lhe permita, sem prejuízo próprio, ser exportador de petróleo.

Tomemos como exemplo, para comentar o índice R/P, o caso do Reino Unido, que tinha em 2004 uma relação de reservas por produção de cerca de seis anos. Obviamente, o que deverá acontecer é que o país terá sua produção declinante e, em algum momento, deixará de exportar e passará a importar, podendo a exaustão completa se dar em período superior a esses seis anos. Tal situação de carência energética, para um país economicamente desenvolvido e que, em passado recente, chegou a pressionar para baixo as cotações do mercado, fazendo uso das suas reservas do mar do Norte, indica, a nosso ver, uma concepção política equivocada de máxima produção e exportação, com a forte crença de se poder importar, no futuro, de outros fornecedores e sem maiores dificuldades, o petróleo necessário para o consumo interno.

Em um quadro a seguir, é mostrada, referente ao ano de 2004, a necessidade de importação de petróleo de regiões e países, também chamada de dependência externa de petróleo, baseada nos dados da produção e do consumo diários, obtidos da referência (10). Nesse quadro, quando um país ou região tem dependência externa nula, é porque sua produção consegue suprir seu consumo.

A dependência externa dos países desenvolvidos era de cerca de 58%, no ano de 2004, e a dos Estados Unidos, de 65%. Esse país tem um consumo altíssimo, quando comparado aos demais, qual seja, 20,5 milhões de b/d, em 2004, que corresponde a 25,4% do consumo mundial diário de petróleo. As suas reservas de 29,4 bilhões de barris, no final desse mesmo ano, correspondiam a 2,5% das reservas mundiais, não sendo proporcionalmente altas, pois, como já foi dito, conseguiriam suprir suas necessidades só por quatro anos. Os Estados Unidos produziram 7,2 milhões b/d, em 2004, importando o restante, e a curva de produção do país já passou pelo máximo em 1971, mostrando uma limitação que só poderá ser superada se novas fronteiras produtoras forem descobertas, como foram os casos do Alasca e do Golfo do México.

Reservas em anos de auto-abastecimento – dados de 2004

Região ou País	Reservas provadas		Consumo diário		Auto-suficiência
	[1]	[2]	[3]	[4]	(anos)
Total Mundial	**1188,6**	**100,0**	**80,8**	**100,0**	**40,3**
Países da OCDE	82,9	7,0	48,8	60,4	4,7
Países da Opep	890,3	74,9	n.d.	n.d.	-
América do Norte	**61,0**	**5,1**	**24,6**	**30,4**	**6,8**
Estados Unidos	29,4	2,5	20,5	25,4	3,9
Canadá	16,8	1,4	2,2	2,7	20,9
México	14,8	1,2	1,9	2,4	21,3
América do Sul e Central	**101,2**	**8,5**	**4,7**	**5,8**	**59,0**
Venezuela	77,2	6,5	0,6	0,7	352,5
Brasil	11,2	0,9	1,8	2,2	17,0

(Continuação)

Equador	5,1	0,4	0,1	0,1	139,7
Argentina	2,7	0,2	0,4	0,5	18,5
Europa e Eurásia	**139,2**	**11,7**	**20,0**	**24,8**	**19,1**
Rússia	72,3	6,1	2,6	3,2	76,2
Cazaquistão	39,6	3,3	0,2	0,2	542,5
Noruega	9,7	0,8	0,2	0,2	132,9
Azerbaijão	7,0	0,6	0,1	0,1	191,8
Reino Unido	4,5	0,4	1,8	2,2	6,8
Itália	0,7	0,1	1,9	2,4	1,0
Alemanha	-	-	2,6	3,2	-
França	-	-	2,0	2,5	-
Espanha	-	-	1,6	2,0	-
Oriente Médio	**733,9**	**61,7**	**5,3**	**6,6**	**379,4**
Arábia Saudita	262,7	22,1	1,7	2,1	423,4
Irã	132,5	11,1	1,6	2,0	226,9
Iraque	115,0	9,7	n.d.	n.d.	-
Kuwait	99,0	8,3	0,3	0,4	904,1
Emirados Árabes Unidos	97,8	8,2	0,3	0,4	893,2
Catar	15,2	1,3	0,1	0,1	416,4
Omã	5,6	0,5	n.d.	n.d.	-
Ásia e Pacífico	**41,1**	**3,5**	**23,4**	**29,0**	**4,8**
China (incl. Hong Kong)	17,1	1,4	7,0	8,7	6,7
Índia	5,6	0,5	2,6	3,2	5,9
Indonésia	4,7	0,4	1,2	1,5	10,7
Malásia	4,3	0,4	0,5	0,6	23,6
Austrália	4,0	0,3	0,9	1,1	12,2
Japão	-	-	5,3	6,6	-
Coréia do Sul	-	-	2,3	2,8	-
África	**112,2**	**9,4**	**2,6**	**3,2**	**118,2**

(Continuação)

Líbia	39,1	3,3	n.d.	n.d.	-
Nigéria	35,3	3,0	n.d.	n.d.	-
Argélia	11,8	1,0	0,2	0,2	161,6
Angola	8,8	0,7	n.d.	n.d.	-
Sudão	6,3	0,5	n.d.	n.d.	-
Egito	3,6	0,3	0,6	0,7	16,4
África do Sul	-	-	0,5	0,6	-

[1] Em 31/12/2004, em bilhões de barris.
[2] % do total mundial de reservas provadas.
[3] Consumo médio diário em milhões de barris.
[4] % do consumo médio diário mundia.
Legenda: n.d. - não disponível.
Fonte dos dados de reservas e consumo: *BP Statistical Review of World Energy 2005.*

Reservas provadas e produção de petróleo – dados de 2004

Região ou País	**Reservas provadas**		**Produção diária**		**R/P**
	[1]	[2]	[3]	[4]	(anos)
Total Mundial	**1188,6**	**100,0**	**80,3**	**100,0**	**40,6**
Países da OCDE	82,9	7,0	20,7	25,8	11,0
Países da Opep	890,3	74,9	32,9	41,0	74,1
América do Norte	**61,0**	**5,1**	**14,2**	**17,7**	**11,8**
Estados Unidos	29,4	2,5	7,2	9,0	11,2
Canadá	16,8	1,4	3,1	3,9	14,8
México	14,8	1,2	3,8	4,7	10,7
América do Sul e Central	**101,2**	**8,5**	**6,8**	**8,5**	**40,8**
Venezuela	77,2	6,5	3,0	3,7	70,5
Brasil	11,2	0,9	1,5	1,9	20,5
Equador	5,1	0,4	0,5	0,6	27,9
Argentina	2,7	0,2	0,8	1,0	9,2
Europa e Eurásia	**139,2**	**11,7**	**17,6**	**21,9**	**21,7**

(Continuação)

Rússia	72,3	6,1	9,3	11,6	21,3
Cazaquistão	39,6	3,3	1,3	1,6	83,5
Noruega	9,7	0,8	3,2	4,0	8,3
Azerbaijão	7,0	0,6	0,3	0,4	63,9
Reino Unido	4,5	0,4	2,0	2,5	6,2
Itália	0,7	0,1	0,1	0,1	19,2
Oriente Médio	733,9	61,7	24,6	30,6	81,7
Arábia Saudita	262,7	22,1	10,6	13,2	67,9
Irã	132,5	11,1	4,1	5,1	88,5
Iraque	115,0	9,7	2,0	2,5	157,5
Kuwait	99,0	8,3	2,4	3,0	113,0
Emirados Árabes Unidos	97,8	8,2	2,7	3,4	99,2
Catar	15,2	1,3	1,0	1,2	41,6
Omã	5,6	0,5	0,8	1,0	19,2
Ásia e Pacífico	41,1	3,5	7,9	9,8	14,3
China	17,1	1,4	3,5	4,4	13,4
Índia	5,6	0,5	0,8	1,0	19,2
Indonésia	4,7	0,4	1,1	1,4	11,7
Malásia	4,3	0,4	0,9	1,1	13,1
Austrália	4,0	0,3	0,5	0,6	21,9
África	112,2	9,4	9,3	11,6	33,1
Líbia	39,1	3,3	1,6	2,0	67,0
Nigéria	35,3	3,0	2,5	3,1	38,7
Argélia	11,8	1,0	1,9	2,4	17,0
Angola	8,8	0,7	1,0	1,2	24,1
Sudão	6,3	0,5	0,3	0,4	57,5
Egito	3,6	0,3	0,7	0,9	14,1

[1] Em 31/12/2004, em bilhões de barris.

[2] % do total mundial de reservas provadas.

[3] Produção média diária em milhões de barris.

[4] % da produção média diária mundial.

Fonte dos dados de reservas e produção: *BP Statistical Review of World Energy 2005.*

Dependência externa – dados de 2004

Região ou País	**Produção diária**	**Consumo diário**	**Dependência**
	(milhões de barris)	**(milhões de barris)**	**Externa [1]**
Total Mundial	80,3	80,8	-
Países da OCDE	20,7	48,8	57,6
Países da Opep	32,9	n.d.	0,0
América do Norte	14,2	24,6	42,3
Estados Unidos	7,2	20,5	64,9
Canadá	3,1	2,2	0,0
México	3,8	1,9	0,0
América do Sul e Central	6,8	4,7	0,0
Venezuela	3,0	0,6	0,0
Brasil	1,5	1,8	16,7
Equador	0,5	0,1	0,0
Argentina	0,8	0,4	0,0
Europa e Eurásia	17,6	20,0	12,0
Rússia	9,3	2,6	0,0
Cazaquistão	1,3	0,2	0,0
Noruega	3,2	0,2	0,0
Azerbaijão	0,3	0,1	0,0
Reino Unido	2,0	1,8	0,0
Itália	0,1	1,9	94,7
Alemanha	0,0	2,6	100,0
França	0,0	2,0	100,0
Espanha	0,0	1,6	100,0
Oriente Médio	24,6	5,3	0,0
Arábia Saudita	10,6	1,7	0,0
Irã	4,1	1,6	0,0
Iraque	2,0	n.d.	0,0

(Continuação)

Kuwait	2,4	0,3	0,0
Emirados Árabes Unidos	2,7	0,3	0,0
Catar	1,0	0,1	0,0
Omã	0,8	n.d.	0,0
Ásia e Pacífico	7,9	23,4	66,2
China (inclusive Hong Kong)	3,5	7,0	50,0
Índia	0,8	2,6	69,2
Indonésia	1,1	1,2	8,3
Malásia	0,9	0,5	0,0
Austrália	0,5	0,9	44,4
Japão	0,0	5,3	100,0
Coréia do Sul	0,0	2,3	100,0
África	9,3	2,6	0,0
Líbia	1,6	n.d.	0,0
Nigéria	2,5	n.d.	0,0
Argélia	1,9	0,2	0,0
Angola	1,0	n.d.	0,0
Sudão	0,3	n.d.	n.d.
Egito	0,7	0,6	0,0

[1] Necessidade de importação expressa em % do consumo.
Legenda: n.d. - não disponível.
Fonte dos dados de produção e consumo: *BP Statistical Review of World Energy 2005*.

No mesmo ano de 2004, a dependência externa do Brasil foi de 17%; a da China, de 50%; e a da Índia, de 69%, tendo o Brasil melhorado sensivelmente sua posição, estando próximo da auto-suficiência nesse início de 2006, mas dispondo de reservas somente para 17 anos. Nessa linha de análise, podemos considerar como sendo realmente independentes os grandes produtores e exportadores, ou seja, os países da Opep, o México, a Noruega, a Rússia e alguns outros. Em uma situação oposta, ou seja, dependentes totais, estão aqueles que importam tudo ou praticamente tudo que consomem, como Alemanha, Japão, França e Itália, quatro dos sete membros do grupo dos países mais ricos e desenvolvidos, o G-7. Dos membros desse grupo, independentes são só o Canadá e o Reino Unido, embora esse último, como comentamos anteriormente, não o será por muito tempo.

Para os leitores não afeitos aos aspectos técnicos da questão do petróleo, consideramos importante apenas a compreensão dos aspectos estratégicos dessa vital fonte energética, capaz de determinar o futuro dos Estados nacionais e, quem sabe, a própria sobrevivência de alguns, como nação soberana. Tentaremos, no entanto, explicar os aspectos estratégicos da forma mais simples, a seguir.

Se supusermos um crescimento da demanda mundial de petróleo, a partir de 2005, de 2% ao ano, que é uma taxa muito baixa, chegaremos em 2025 precisando de 120 milhões de barris por dia, uma demanda 50% maior que a de 2005. No entanto, o consumo de petróleo é tão mal distribuído na face da Terra quanto a riqueza, estando a maior parte da demanda de petróleo concentrada, obviamente, nos países desenvolvidos. Assim, algumas regiões precisariam crescer a taxas bem maiores que as de outras para poder ter padrões razoáveis de consumo.

Cada habitante dos Estados Unidos consome de energia, em média, oito toneladas equivalentes de petróleo (tep) por ano, e cada europeu, 3,4 tep, sendo que cerca de 65% do consumo das fontes primárias, nos Estados Unidos, se referem a petróleo e gás. O próprio presidente Bush afirmou, em raro momento de franqueza, que "os americanos são viciados em petróleo". O consumo mundial de energia *per capita*, que já tocou no máximo em 1979 com sete barris equivalentes de petróleo (bep) por dia, deve ter atingido novo máximo em 2005 com 6,5 bep. Se os países da periferia conseguissem compensar, minimamente, seus atrasos de desenvolvimento no campo econômico, os habitantes da região passariam do atual e insignificante consumo de energia de 0,75 tep por pessoa ao ano para algo entre 2 e 3 tep, o que não é exagerado, pois a média dos desenvolvidos é de 4,5 tep.

Os países centrais não estão procurando reduzir o seu consumo, enquanto alguns países emergentes, como a China e a Índia, têm promovido consumos crescentes. A China foi responsável por 37% do crescimento da demanda mundial no período de 2001 a 2004 e, já na próxima década, terá dobrado seu consumo, que deverá totalizar mais de 15 milhões de b/d, precisando obter no exterior 80% do petróleo de que necessita. A esse cenário de demanda explosiva soma-se o fato de que a maioria dos países desenvolvidos e emergentes não produz petróleo para atender a suas necessidades e, portanto, precisarão importar.

Dados da *International Energy Agency* (IEA),[16] pertencente à OCDE, nos asseguram que, já em 2003, os países mais ricos do mundo, sendo responsáveis por 65,6% do consumo mundial de petróleo, contribuíram com, apenas, 28,5% da produção mundial. Contudo, os dados da IEA ainda não refletem, na medida exata, o drama da escassez de petróleo dos desenvolvidos, pois essa Agência, por exemplo, classifica o México, que tem uma produção muito acima do seu consumo, como um país desenvolvido. A distorção surge do fato de aquele país pertencer à categoria dos emergentes, sendo um grande produtor e exportador de petróleo. Desse modo, constatamos ser bem inferior a contribuição dos desenvolvidos no suprimento do mercado mundial.

As grandes reservas, em escala capaz de suprir as necessidades dos próprios países, por muitos anos, e ainda exportar excedentes da produção, estão concentradas em poucas regiões do globo, em geral, subdesenvolvidas, como é bem identificado no conjunto de tabelas a seguir, nas quais são mostradas as re-

16. Disponível em www.iea.org.

servas das principais regiões produtoras, em 2004. A região do Cáucaso, adicionada à região centro-ocidental da Ásia, também chamada de região do mar Cáspio, não constou dessa tabela, por não ser ainda, na ocasião, grande produtora, mas já consta em tabelas de detentores de reservas provadas e deve aparecer com valores expressivos de produção no futuro. Se forem acrescentadas às tabelas as reservas de gás natural, não só de campos em que o gás vem associado ao petróleo, mas as de campos que produzem unicamente gás, apareceriam outras regiões produtoras, como a Bolívia e o Peru.

Note também que, em muitas das áreas de petróleo e gás, o nível de produção não pode ser considerado garantido, por serem regiões de conflito armado e politicamente instáveis, como os países do Golfo Pérsico, a Colômbia e a Nigéria. Portanto, as tabelas a seguir mostram as reservas divididas por região estável e instável. No caso da Rússia, apesar de existirem grupos com má reputação no setor (11) que, a propósito, deixaram de recolher impostos devidos ao Estado, sobre a produção da maior petrolífera daquele país, a empresa Yukos, o governo tem conseguido conter iniciativas que poderiam colocar em risco a credibilidade do país no mercado e, dessa forma, suas reservas foram consideradas como de uma região estável.

Principais regiões produtoras politicamente estáveis e instáveis, em 2004

Regiões	Estáveis		Instáveis	
	[1]	[2]	[1]	[2]
Rússia	65,4	6,3%		
América do Norte (EUA, México e Canadá)	54,4	5,2%		
Norte da África (Líbia, Argélia e Egito)	51,0	4,9%		
Leste da América do Sul (Brasil e Argentina)	15,9	1,5%		
Mar do Norte (Grã-Bretanha e Noruega)	15,1	1,4%		

(Continuação)

Golfo Pérsico (Arábia Saudita, Iraque, Irã, Kuwait, EAU, Catar e Omã)			720,2	69,3%
Norte da América do Sul (Venezuela, Colômbia e Equador)			85,0	8,2%
África Ocidental (Nigéria, Angola e Gabão)			32,9	3,2%
Total das reservas das regiões produtoras estáveis	**201,8**	**19,3%**		
Total das reservas das regiões produtoras instáveis			**838,1**	**80,7%**

[1] Reservas provadas em bilhões de barris.

[2] Participação sobre o total mundial de reservas provadas.

Fontes dos valores das reservas: *World Oil Journal e Oil&Gas Journal*.

Observação: a classificação das regiões em zonas de conflito, politicamente instáveis e estáveis, é de responsabilidade dos autores.

A instabilidade política em países detentores de 80% das reservas provadas mundiais permite concluir que os países desenvolvidos, na condição de grandes importadores, não podem estar baseando os abastecimentos futuros da sua principal fonte de energia no suprimento externo, confiando apenas nas livres forças do mercado e sem tomarem as devidas precauções, já considerando, certamente, que o petróleo não é uma mera commodity.

Sobre a questão dos países desenvolvidos sofrerem o que poderia ser descrito como "maldição do petróleo" ou "vingança petrolífera dos subdesenvolvidos", pode-se dizer que tal escassez energética ocorre também para outras fontes, pois as maiores jazidas de fontes de energia e aproveitamentos hidráulicos não estão entre eles, com a única exceção do urânio, como pode ser observado no na tabela a seguir . Ou seja, a maldição dos desenvolvidos é com relação às fontes de energia, exceção feita apenas para o urânio.

Jazidas de fontes de energia e aproveitamentos hidráulicos em blocos de países

Fonte	Países da OCDE	Países subdesenvolvidos
Petróleo	30%	70%
Gás natural	42%	58%
Carvão mineral	43%	57%
Hidráulica	46%	54%
Urânio	86%	14%
Outras	83%	17%

Nesse quadro de instabilidade do suprimento de petróleo no mercado mundial, os Estados Unidos conseguiram um feito importante, qual seja, a desconcentração do seu suprimento, diminuindo a dependência do fornecimento de qualquer país tomado isoladamente, como pode ser observado no quadro a seguir . Os Estados Unidos conseguiram ainda depender menos da produção do Oriente Médio, transferindo, estrategicamente, suas importações para a Ásia Central, a América Latina e a África.

Dispersão das importações dos EUA – 2003

Origem	Volume importado	Parcela do total importado
	(em milhares de barris/dia)	(em %)
Canadá	2.210	17,0
Arábia Saudita	1.885	14,5
México	1.690	13,0
Venezuela	1.430	11,0
Nigéria	910	7,0
Iraque	520	4,0
Grã-Bretanha	468	3,6
Angola	390	3,0
Argélia	390	3,0
Noruega	286	2,2
Rússia	260	2,0
Kuwait	221	1,7

(Continuação)

Colômbia	195	1,5
Equador	130	1,0
Gabão	130	1,0
Outros	1.885	14,5
Total	**13.000**	**100,0**

Fonte: *Energy Information Administration (EIA)/Department of Energy (DOE)*.

Dados históricos sobre o setor de energia, fornecidos pelo DOE dos Estados Unidos, podem ser utilizados sem grande preocupação; no entanto, suas projeções devem ser lidas com cautela, graças ao conservadorismo daquele órgão. Mesmo assim, vale a pena observar que, no quadro mostrado a seguir, o déficit de produção dos Estados Unidos em 2025 é bem superior ao déficit atual e o Canadá deixará de ser exportador de petróleo, passando a importá-lo. Entretanto, é muito provável que, em 2025, o México também seja importador e os déficits da Europa Ocidental, Japão, Austrália e Nova Zelândia sejam muito maiores do que os mostrados.

Déficit de produção de petróleo
Valores em milhões de barris/dia

País ou região	Produção interna	Consumo	Déficit de produção
2005			
Estados Unidos	9,1	21,3	12,2
Canadá	2,4	2,2	-0,2
México	4,0	2,1	-1,9
Europa Ocidental	6,4	14,7	8,3
Japão	0,1	5,5	5,4
Austrália e Nova Zelândia	0,6	1,1	0,5
2025			
Estados Unidos	8,8	28,4	19,6

(Continuação)

Canadá	1,6	2,8	1,2
México	4,9	3,5	-1,4
Europa Ocidental	5,0	15,7	10,7
Japão	0,1	5,8	5,7
Austrália e Nova Zelândia	0,9	1,7	0,8

Fonte: *Energy Information Administration (EIA)/Department of Energy (DOE).*

O que foi descrito até aqui permite entender a razão da Guerra do Golfo, do embate na Chechênia, do bloqueio econômico ao Iraque e da conseqüente invasão desse país. A presença estrangeira no Afeganistão, país de cultura e tradições muçulmanas, procura manter no poder político e administrativo um equilíbrio de forças capaz de assegurar a incolumidade da rota de abastecimento de petróleo para o Ocidente.

Várias são as acusações sobre empresas e países desenvolvidos, atuantes no setor do petróleo, de tomarem iniciativas que afrontaram costumes e tradições, resultando em eventos drásticos, como, por exemplo, no Irã, em 1953, a deposição de Muhammad Mossadegh e a posse do xá Reza Palevi. Um aparente jogo de poder político tinha na realidade o objetivo, nada nobre, de redistribuir as concessões inglesas às empresas dos Estados Unidos. Da mesma forma, e tendo como objetivo final o domínio das riquezas dos povos, assistimos, no Iraque, em 1959, ao assassinato de Abdel-Karim Qasim; na Argélia, em 1960, à Guerra de Independência; na Indonésia, em 1964, ao golpe de Estado para implantação da ditadura de Sukarno; na Nigéria, no ano de 1970, ao golpe de Estado para implantação de ditadura militar; em Angola, em 1975, ao apoio à Unita, de Zavimbi, na guerra civil que existiu até recentemente e quase destruiu o país, além da implantação de ditaduras na Arábia Saudita, Iemen, Kuwait, México, Venezuela e Colômbia.

A indústria do petróleo é também capaz de inspirar a produção de teorias conspiratórias e histórias secretas. Um dos primeiros e muito falado caso foi o de Enrico Mattei, que teria sido assassinado por ter negociado contratos da empresa italiana *Ente Nazionale Idrocarburi* (ENI), com países produtores, em condições excepcionais para esses países, desprezando as recomendações do cartel. Especulou-se muito sobre outro caso pitoresco, em que teria havido um acordo secreto entre o príncipe Sultan, embaixador da Arábia Saudita em Washington, e representantes do presidente Bush, visando favorecer a sua reeleição, mediante uma política de preços baixos para o petróleo, próximo da época da eleição.

Em filme de crítica à organização política e institucional da sociedade norte-americana e ao próprio capitalismo, intitulado *The Corporation*,[17] de Mark Achbar, Jennifer Abbott e Joel Bakan, é citado detalhadamente o envolvimento da família Bush com a oligarquia que detém o poder na Arábia Saudita, sendo fato público que o vice-presidente americano Dick Cheney administrou a Halliburton de 1995 a 2000 e, atualmente, essa empresa tem contratos no Iraque, havendo suspeita de superfaturamento.

Verdadeiramente, a indústria do petróleo é muito pouco transparente e tem um passado de acontecimentos, no mínimo, reprováveis, como a busca de influência, de forma sub-reptícia, na política dos países produtores de petróleo, o uso da contrainformação de forma corriqueira, a manipulação de cifras de reservas, além de outros. É bom lembrar o trecho do livro do Yergin, sobre esse tema, citado por nós na Introdução.

O comércio internacional de petróleo sofre, hoje, bem menos influência do cartel dos países exportadores, a Opep, do que ocorria no passado. Em 1973, o cartel assustou o mundo,

17. Disponível em www.thecorporation.com.

triplicando o preço do barril subitamente. Nessa época, só a Arábia Saudita, Kuwait, Emirados Árabes Unidos, Irã e Iraque produziam 36% das necessidades mundiais de petróleo. Posteriormente, com as descobertas do Alasca e mar do Norte, e a conservação de petróleo implementada, principalmente, nos Estados Unidos, a influência da Organização diminuiu.

Mais recentemente, com a entrada forte, no mercado, da Rússia e de alguns produtores menores, como exportadores, o seu poder de fixar preços está limitado. Nos últimos anos, a contenção do aumento de preço do barril tem sido solicitada aos membros da Opep por meio da elevação da produção. Por impossibilidade ou interesse, eles não têm estabilizado os preços. Periodicamente, se reuniam para escolher a faixa de variação das cotações no mercado e, como conseqüência, fixavam as cotas de produção de cada país membro da organização. A realidade que todos nós testemunhamos é que os preços têm subido além da faixa e as cotas não fazem mais sentido, porque visavam, principalmente, conter a queda das cotações de mercado, para os preços não ficarem abaixo de um mínimo que, hoje, certamente, não mais será atingido.

De qualquer maneira, em 1998, cerca de 46% do petróleo comercializado no mundo era proveniente de um dos países da Opep e, sendo previsível que a Rússia atingirá sua produção máxima de petróleo entre 2007 e 2008, assim como também é esperada a queda de produção do México, da Grã-Bretanha e da Noruega, em anos futuros próximos, a Opep voltará a ter grande poder de mercado, com todas as incertezas possíveis decorrentes.

O fato de cerca de 62% das reservas provadas mundiais de petróleo, em 2004, estarem no Oriente Médio, sendo que só cinco países – Arábia Saudita, Iraque, Irã, Kuwait e Emirados Árabes Unidos – detêm em torno de 60% dessas reservas, indica a importância da região para a estratégia de manutenção do padrão de vida das sociedades em todo o planeta, mas, em termos muito especiais, das sociedades dos países desenvolvidos e carentes de energia no frio Hemisfério Norte, incrementando a disputa de poder e as ingerências externas em tão conturbada região.

Rotineiramente, recebemos notícias da região sobre ações militares de forças de ocupação, confrontos, manifestações políticas, insurreições, ações terroristas, retaliações, apoio popular a lideranças teocráticas etc. A maioria xiita do Irã e do Iraque, o fundamentalismo islâmico, os americanos que praticam a "diplomacia por outros meios", para garantir o suprimento de petróleo de que tanto necessitam, e a beligerância entre árabes e judeus, há muito não resolvida, não insinuam a chegada de paz duradoura na região. A estabilidade da Arábia Saudita, que produz mais de 10 milhões de b/d em 2004, um oitavo da produção mundial, tranqüiliza, em parte, o sistema de dominação mundial; no entanto, a ditadura familiar que detém o poder naquele país, há muitos anos, e que, por sinal, não causa nenhuma estranheza aos Estados Unidos, o guardião da democracia, pode vir a sofrer reveses em futuro próximo, já sendo comuns as manifestações de segmentos da sociedade e lideranças políticas e religiosas.

A região do Oriente Médio poderia produzir mais que os 24,6 milhões de barris por dia, registrados em 2004, se a estabilidade política permitisse e se novos investimentos fossem realizados. Mas os países do Oriente Médio, exceto o Iraque, por razões óbvias, continuam sem concordar com o retorno completo das *majors* para a região, que seria a melhor opção para os países desenvolvidos, pois ali se localizam as grandes reservas já dimensionadas, de fácil extração e com escoamento garantido. Contrariando esses interesses e como forma de manter certo controle sobre o fluxo de produção mais adequado, que assegure um patamar de preços do petróleo no mercado mundial, as estatais petrolíferas da região não têm a mesma motivação de investimento das empresas multinacionais e, com isso, a produção da região não dará grandes saltos.

A crise da dívida do México ocorreu em 1995 e, para resolvê-la, o governo mexicano se comprometeu, em acordo firmado com os Estados Unidos, a utilizar as reservas de petróleo do país como garantia de cobertura dos débitos. Por essa razão e sob pressão do mercado, intensificou-se o ritmo da produção local e as reservas provadas de petróleo do país diminuíram de 1991 até 2003 em 69%, passando de 51,3 bilhões de barris a 16,0 bilhões de barris, segundo dados constantes de publicação da ANP (12). Também João Victor Campos,[18] em artigo (13) no qual cita dados da Pemex, a estatal petrolífera mexicana, noticia a ocorrência de um decréscimo das reservas do país, no período em que Vicente Fox estava na presidência, de cerca de 14 bilhões de barris, o que corresponde à redução de 42% das reservas do início do período, basicamente com a exportação do produto. O campo gigante de Cantarel, o maior do México, em operação há 25 anos, mostra queda da produção e, assim sendo, se a taxa de dilapidação do patrimônio continuar a mesma, em 11 anos as reservas de petróleo do México estarão todas exauridas e as de gás natural durarão só por nove anos.

Na África, os Estados Unidos construíram bases militares e ativaram missões diplomáticas, visando assegurar e proteger o acesso de firmas americanas a campos petrolíferos, em lugares instáveis como Nigéria, Angola e outros. Contrariando as otimistas expectativas das empresas, novas descobertas de petróleo, esperadas para ocorrer na Rússia e na África, não estão sendo confirmadas.

---

18. Geofísico aposentado da Petrobrás.

A esse complexo contexto soma-se a atuação do presidente da Venezuela, Hugo Chávez, que propõe o uso do petróleo como amálgama de uma união dos países da América do Sul, a chamada União Bolivariana. Como proposta inicial, já antecedida de entendimentos comerciais entre as estatais da Argentina, Brasil e Venezuela, está o estudo da interligação desses países com um grandioso duto que cruza desde o Caribe até a Terra do Fogo. Nesse início de 2006, assumiu a presidência da Bolívia Evo Morales, de origem indígena e reconhecido líder popular naquele país andino. Com um discurso de cunho fortemente nacionalista, prometeu rever, e já reviu, todos os contratos de exploração de gás no território boliviano, tornando claro que as jazidas locais se transformarão na redenção dos menos favorecidos da população. A nacionalização do gás da Bolívia, que é tratado no capítulo a seguir, enquadra-se nesse contexto dos benefícios da ocorrência de jazidas minerais em um país serem recuperados para a maioria da população.

Toma vulto, com esses acontecimentos, a corajosa política de Hugo Chávez, com o apoio explícito de Kirchner e Evo Morales, e uma participação mais cuidadosa do presidente Lula. Muitos óbices técnicos, políticos e econômicos precisarão ser superados para que esse sonho de integração se torne, ao menos parcialmente, uma realidade. Alocação de vultosos recursos e interesses próprios de cada um dos parceiros, bem como de outros países da região, como Peru e Chile, demandarão exaustivas negociações. A insegurança dos investimentos, após as desapropriações na Bolívia e as medidas radicais também executadas no Equador, exigirão profundas reformulações nos trabalhos até agora imaginados.

No caso brasileiro, a Petrobrás programou grandes investimentos nas reservas de gás do litoral de Campos e Santos, visando, exatamente, reduzir a dependência do gás boliviano, devido às constantes turbulências naquele país. A Bolívia, por outro lado, buscando mais autonomia e novos compradores, teria a pretensão de uma saída do gás para o Pacífico, utilizando o litoral peruano, já que os conflitos diplomáticos com o Chile dificilmente serão superados no curto prazo. Essa alternativa encontrará certa oposição, tendo em vista que o Peru aspira também levar seu gás para os mercados do Norte e, certamente, não facilitará qualquer tipo de concorrência.

Por esses e muitos outros fatores e condicionantes, constatamos que, acima do desejo de ver o petróleo realmente beneficiando populações diversas de todo um continente, muitas das quais bastante carentes, nossas empresas e lideranças políticas precisarão trilhar longo caminho para tal sonho vir a se concretizar.

As contraditórias e pouco detalhadas notícias, provenientes das repúblicas, agora independentes, da antiga União Soviética, parecem demonstrar a ocorrência de uma luta geopolítica acirrada, não somente pela intenção da Rússia de manter sua soberania política na região, como também pelo controle de alguns segmentos relevantes, com destaque para as grandes jazidas de petróleo, possivelmente existentes na região do Cáucaso e da Ásia centro-ocidental, composta pela Armênia, Azerbaijão, Geórgia, Cazaquistão, Uzbequistão, Turcomenistão, Tajiquistão e Quirguistão, havendo esperanças concretas para os territórios do Azerbaijão e Cazaquistão.

Durante as comemorações dos 60 anos do fim da Segunda Guerra Mundial, Vladimir Putin, o presidente da Rússia, declarou que "o colapso da União Soviética foi o maior desastre geopolítico do século XX", certamente se referindo à fragmentação de um império, com a conseqüente disputa pelo controle do petróleo que está sendo travada no Cáucaso e na Ásia centro-ocidental. Os Estados Unidos, com sua política expansionista e grande carência de combustíveis fósseis, têm buscado consolidar sua estrutura militar na região e interferir na eleição de novos dirigentes, simpáticos aos seus interesses para, ao menos de forma indireta, exercerem certo controle sobre essas regiões potencialmente produtoras de petróleo, bem como as áreas limítrofes, essenciais para o escoamento da produção. Entretanto, já estão ocorrendo reações da Rússia e da China, obviamente, porque esses países se recusam a perder o controle das áreas e muito menos querem ter bases americanas montadas próximas à sua fronteira. Além disso, no caso da China, ela disputa o recebimento do petróleo produzido na região.

Nesse complexo jogo do poder e valendo-se da onda democrática que varreu a região sob a influência da antiga União Soviética, desde o seu fim, os Estados Unidos influenciaram os países do Cáucaso e da Ásia centro-ocidental, diretamente ou através de organismos multilaterais, sobre os quais exercem grande controle, para que permitissem a entrada de empresas estrangeiras no setor de petróleo. Como conseqüência, lá estão empresas americanas, européias, russas e chinesas. O controle militar do Afeganistão é exercido, como já foi dito, para assegurar o escoamento do petróleo para os Estados Unidos, a Europa e o Japão.

A importância geopolítica do petróleo pode ser medida, também, ao se observar os acordos entre países ou entre empresas de diferentes países, movidos, por um lado, pelo interesse de garantir o suprimento de determinada região e, por outro, de lucrar com o petróleo e atrair aliados internacionais. No final de 2004, a China e o Japão disputavam o traçado do oleoduto transiberiano, cada país oferecendo mais atrativos aos russos pelo fornecimento do seu petróleo. No final, a China foi escolhida para recebê-lo, fato que acarretou preocupação para os Estados Unidos, que vê na aproximação da Rússia com a China um perigo para a sua hegemonia. No final de 2004, também, o oleoduto de Odessa até Brody, na Ucrânia, coincidindo com a mudança da tendência política no país, mudou o sentido do escoamento do petróleo. Anteriormente construído para abrir mercados asiáticos para o petróleo russo, foi transformado em rota de abastecimento da Europa Ocidental com o petróleo do Cáucaso e da Ásia centro-ocidental.

Buscando a transparência nos debates, julgamos oportuno expor outra versão da história, pois a manipulação de informações é exatamente um dos pontos que criticamos neste livro. Existem defensores da tese de que o petróleo ainda será a fonte de energia dominante em todo o presente século – como é caso de Paul Wolfowitz, ex-secretário da Defesa americano e atual presidente do Banco Mundial –, certamente um horizonte bastante exagerado. Em parte, o otimismo de Paulo Wolfowitz é baseado na crença em descobertas nas regiões do Cáucaso e da Ásia centro-ocidental, da ordem de uma centena de bilhões de barris. As reservas provadas, prováveis e possíveis de petróleo nessas regiões estão avaliadas, por especialistas, em 55 bilhões de barris de petróleo. Mas o DOE estima existir, lá, um novo Iraque, com reservas de 110 bilhões de barris, o que o leva a concordar com a tese de Wolfowitz. Acreditando em um volume expressivo de reservas, muitas das *majors* estão atuando na região e, em 2000, foi descoberto o campo gigante de Kashagan, no Cazaquistão, com mais de dez bilhões de barris, o maior volume em 30 anos. Depois dessa descoberta, não se encontrou nenhum outro campo comparável, em todo o mundo.

Contrariando a tese da fartura de petróleo, as reservas descobertas no período de 2000 a 2003, mudialmente, caíram 40% em comparação à expansão registrada nos quatro anos anteriores. Por esse motivo, entre 2001 e 2003, só seis empresas do conjunto das 15 principais petrolíferas repuseram o petróleo produzido, motivando manifestações como a exposta no *Financial Times* de 17 de março de 2005, que diz: "A 'segurança energética' de longo prazo se transformou em um tema absolutamente decisivo da atual agenda geoestratégica das Grandes Potências [...]". Depois do insuspeito *Financial Times* ter feito tal afirmação, é o caso de se perguntar às autoridades brasileiras a razão da política de exportação do petróleo brasileiro, decorrente das rodadas de licitações de áreas para exploração e produção de petróleo, promovidas pela ANP.

O FMI, sempre citado como referência pelos defensores do modelo liberalizante, previu, em estudo (14),[19] um choque do petróleo permanente e que pode durar até duas décadas. O economista-chefe do FMI, Rhaguram Rajan, responsável pelo estudo, ao anunciá-lo afirmou que "devemos conviver nos próximos anos com preços do petróleo altos e voláteis, o que continuará a representar um risco para a economia mundial", contrastando com o posicionamento da instituição que, até o ano de 2004, considerava a alta do petróleo temporária.

Segundo o referido estudo, a alta do ano de 2005 reduzirá o crescimento econômico mundial em até 0,8 ponto percentual, estando prevista uma disparada da demanda e a continuidade do baixo nível de capacidade ociosa na produção. "Qualquer interrupção na oferta ou movimento inesperado na demanda poderá causar mudanças abruptas no preço do petróleo", disse o economista-chefe, e, a partir de 2010, a demanda mundial dependerá ainda mais da produção de países da Opep, com a maturação e o declínio da produção em outras regiões do mundo. A previsão de longo prazo do FMI é de um preço do barril de US$ 34 em 2010, em dólares de 2005, e entre US$ 39 e US$ 56 em 2030, com o mesmo padrão de dólar. Considerando os preços nominais, a expectativa para 2030 é de US$ 45 a US$ 64 por barril. No nosso entendimento, as previsões do FMI ainda são conservadoras; no entanto, estão bem acima das previsões da EIA/DOE e daquelas feitas pela IEA/OCDE para o longo prazo.

---

19. Disponível em www.imf.org.

O subeconomista-chefe do FMI, David Robinson, declarou que "estamos vendo um choque permanente que continuará, será repassado aos mercados futuros, e os países precisam ajustar-se a isso". O FMI também não considera absurda a previsão da cotação do barril atingir US$ 100, desde que no longo prazo, feita por um analista do banco de investimentos Goldman Sachs. Rajan afirmou que "no caso de uma interrupção de oferta ou mudança brusca de demanda, US$ 100 não me parece absurdo". "Uma oscilação de preço entre US$ 80 e US$ 100 ainda não chegaria aos níveis reais atingidos em 1979", arrematou ele. Sobre o tema do pico do preço do barril daquele ano, Alan Greenspan[20] afirmou, em 5 de abril de 2005, em matéria de jornal (15), que "os atuais preços do petróleo e do gás natural colocam o mercado sob uma pressão que já não se via há pelo menos uma geração". Em 1979, o barril atingiu valores que em 2005 equivaleriam a US$ 90.

A análise do FMI prossegue afirmando que

> A China, principalmente, além de outros países em desenvolvimento, será a principal responsável pelo aumento na demanda. A oferta continuará apertada. Embora entre 2007 e 2010 novos investimentos elevem a produção total, depois de 2010 começa o declínio das reservas fora da Ope. Um exemplo é o Canadá, que tem o maior volume de reservas fora do cartel, mas cujos campos já estão maduros. A capacidade ociosa de produção deve continuar baixa nos próximos anos.

Sempre conservadora, a IEA/OCDE prevê que a produção fora da Opep atinja o pico de 57,2 milhões de barris por dia em 2010, recuando em 2030 para 56,6 milhões. O Departamento de Energia dos Estados Unidos consegue ser mais otimista e prevê produção fora da Opep que aumenta de 56 milhões de barris por dia em 2010 para 69 milhões em 2030.

20. Presidente do Federal Reserve Bank na ocasião.

Já o FMI define que

> A demanda deve disparar, de 82,4 milhões de barris ao dia em 2004 para 92 milhões em 2010 e 138,5 milhões em 2030. O principal estímulo será o aumento da frota de carros de países em desenvolvimento, especialmente na China, cujo número de veículos explodirá de 16 por mil habitantes em 2002 para 267 em 2030. Os investimentos feitos na expansão da produção devem gerar frutos na África e Hemisfério Ocidental a médio prazo. Mas há dúvidas sobre a reação da produção, especialmente porque parte das reservas canadenses, que representam mais de metade das reservas comprovadas, fora da Opep, são em campos que demandam investimentos por 5 a 7 anos antes do início da produção. Há ainda problemas regulatórios para novos investimentos, como proibição de investimento estrangeiro na produção em diversos países.

Para tentar suavizar a volatilidade do preço do petróleo nos próximos anos, o FMI recomendou mais incentivos à economia de petróleo e ao uso de combustíveis alternativos, incluindo a disseminação dos carros híbridos que utilizam derivados de petróleo e energia elétrica ou etanol. O Fundo defende ainda que os Estados Unidos deveriam avaliar mudanças na carga tributária sobre derivados de petróleo.

Os autores independentes

Uma conclusão errada, citada indiscriminadamente, é originada no raciocínio de que, como a reserva mundial de petróleo em 31 de dezembro de 2004 é 40 vezes maior que o consumo mundial do ano de 2004, diz-se que o petróleo remanescente no mundo, neste ano, servirá para abastecê-lo pelos próximos 40 anos. Uma primeira observação sobre essa afirmação se refere ao fato de estar implícito que não será descoberto mais nenhuma reserva de petróleo no mundo, depois daquela data, e o consumo mundial de 2004 permanecerá constante pelos próximos 40 anos. A outra e mais importante observação é relacionada ao fato de que o petróleo não pode ser retirado de um poço seguindo, unicamente, a vontade do produtor ou do mercado consumidor. Existe a curva de produção de um poço que limita a decisão do produtor. As curvas de produção de vários poços de uma região, quando somadas, formam a curva de produção da região, que também impõe limite ao produtor.

Os trabalhos que contêm projeções de oferta e demanda de petróleo no mundo divergem, principalmente, com relação à projeção da produção mundial de petróleo, podendo ser divididos em dois grupos, como já foi sumariamente mencionado no capítulo anterior. As projeções não divergem muito dentro de um mesmo grupo, mas mostram valores bem diferentes se comparadas duas dos dois grupos.

Reafirmando com mais detalhes o que já foi dito, temos, de um lado, as previsões de revistas técnicas, como a *World Oil Journal* e a *Oil&Gas Journal*; de uma empresa, a *BP British Petroleum*; da associação de especialistas, a *American Petroleum Institute*; da Opep, a da EIA/DOE e da IEA/OCDE. Essas previsões são tranqüilizadoras, pois todas garantem que, nos próximos 20 anos, existirá petróleo a preços razoáveis, sem necessidade de grandes esforços de conservação ou substituição, e o estudo *World Oil Markets*[21] (16), da EIA/DOE, coloca o preço internacional do barril, em 2025, como um valor abaixo de US$ 31, para o caso de referência, expresso em dólares de 2003.

Todas essas publicações, se não dizem textualmente, consideram o petróleo como se fosse uma simples *commodity*, fato que leva à desconfiança de que muitos desses estudos são "encomendados", pois as grandes corporações privadas do setor de

21. Disponível em www.eia.doe.gov/oiaf/ieo/oil.html.

petróleo estão, nesse instante, comprando o direito de explorar e produzir petróleo em áreas de diversos países, por períodos de 30 anos. Mascarando a realidade, usufruem de condições vantajosas nos contratos de concessão, pois se a perspectiva de preço futuro do petróleo fosse bastante alta, na hipótese de ocorrer a concessão, os valores de bônus, impostos e taxas estariam acrescidos, além da obrigação de compras locais ser ampliada, prazos de concessão reduzidos etc.

Colin Campbell[22] e Jean Laherrère[23] publicaram, em março de 1998, o primeiro artigo (17) em revista técnica respeitada, a *Scientific American*, no qual foram transmitidos alguns conceitos e informações divergentes da maioria dos estudos de avaliação das reservas e de previsão da produção mundial de petróleo. A bem da verdade, o primeiro estudo a chamar a atenção para o formato da curva de produção de petróleo de uma região, um dos pontos considerados por Campbell e Laherrère, foi elaborado pelo geólogo M. King Hubbert (18) em 1956, que tratava da produção dos Estados Unidos.

Esses autores colocam em dúvida, no citado artigo e em outros publicados posteriormente, as reservas de petróleo declaradas pelos países participantes da Opep, que as teriam avaliado em excesso, uma vez que as cotas de exportação, estabelecidas em acordo da Organização, na década de 1980, passaram a ser proporcionais às reservas declaradas livremente, tendo esses países, inclusive, aumentado em torno de 75% na segunda metade da década. Os autores questionam, ainda, as reservas declaradas pelas grandes empresas petrolíferas, haja vista que elas não têm interesse de mostrar balanços conservadores aos acionistas. Os

---

22. PhD em geologia pela Universidade de Oxford, trabalhou em grandes empresas petrolíferas por mais de 40 anos. É consultor na área de petróleo.
23. Trabalhou, por mais de 40 anos, também, na indústria petrolífera. É consultor na área de petróleo.

casos da Shell, El Paso e Enron, descobertos há poucos anos, que tiveram de reduzir suas reservas por estarem superestimadas, comprovam a tese.

Por outro lado, grandes empresas privadas e estatais têm reavaliado seus campos e, com isso, têm aumentado as reservas. Os autores alegam que muitas dessas empresas subestimaram as reservas, propositadamente, na época das descobertas, deixando de declarar até 30% do petróleo que possuíam, pois queriam mostrar aos acionistas e ao mercado acréscimos de reservas constantes ao longo do tempo. Sem entrar no mérito de se esse procedimento é correto ou não, a ampliação das reservas, nesse caso, não corresponde a novas descobertas, requerendo, portanto, que seja anotada com cuidado, para não escamotear a série histórica de novas descobertas de reservas. Essa série é importante porque, se os investimentos em prospecção foram constantes ou crescentes em um razoável período e as descobertas declinaram, significa que as reservas possíveis estão escasseando.

Se a série mundial de descobertas for depurada, verifica-se que, há 20 anos, os volumes realmente descobertos são inferiores aos consumidos. Isso é análogo a um tanque cheio de petróleo em que o fluxo de entrada é menor que a vazão na saída e, conseqüentemente, com o passar do tempo, esse tanque irá secar. Dessa forma, a evolução das reservas mundiais reflete muito, nesses últimos anos, a reavaliação de reservas antigas.

Como vemos, os autores divergem da "literatura oficial" sobre a perspectiva de descobertas futuras, em diversos locais do mundo, incluindo as projeções sobre as reservas de petróleo divulgadas pelo próprio governo americano, que, sabidamente, defende os interesses das suas empresas. Finalmente, reclamam de algumas revistas técnicas da área de petróleo que, segundo eles, só compilariam valores declarados pelos países e empresas citados, sem realizarem uma análise da consistência dos dados. Estimam ainda que as reservas mundiais provadas de petróleo eram, no final de 1996, de aproximadamente 850 bilhões de barris de petróleo que, se adicionadas a 150 bilhões de barris de reservas prováveis e possíveis, permitirão o abastecimento mundial por cerca de 40 anos, usando-se o nível de consumo de 1996.

Esse horizonte é diferente do que é encontrado em outras projeções, porque, em muitas delas, só as reservas provadas são suficientes para abastecer o mundo por 40 anos; contudo, a mais importante afirmativa feita por eles, no citado artigo, é que o término do petróleo barato ocorrerá bem antes do seu término físico. A bem da verdade, não se chegará ao término físico do petróleo, mas ao término do seu uso indiscriminado. O preço do petróleo irá subir, sem parar e com forte tendência, a partir do momento em que a produção mundial passar pelo seu pico, que deverá acontecer antes de 2010, a menos que ocorra, até essa data, uma forte recessão ou um esforço de conservação e substituição de derivados no âmbito mundial, eventos que parecem difíceis de sucederem. A partir desse ponto, a produção de petróleo continuará em valores cada vez menores, o que explicaria o aumento contínuo do preço, mesmo sem existirem guerras ou outras instabilidades, nas principais regiões produtoras.

O conceito que está por trás dessas afirmações é que a produção mundial de petróleo segue uma curva em formato de sino, passando por um máximo. Portanto, é irreal pensar que o petróleo que ainda resta para ser retirado do subsolo possa ser produzido a uma taxa constante e, muito menos, crescente, até a última gota. Numa visão otimista, pode-se imaginar que desenvolvimentos tecnológicos baratearão o custo das alternativas aos derivados, a ponto de que algumas reservas nunca serão retiradas do subsolo.

Em qualquer afirmação de larga amplitude, há sempre que se considerar possíveis exceções. Se, depois de a produção de um país passar por um máximo, for descoberto petróleo em áreas de fronteira ou em áreas antigas, graças a novas técnicas, a curva de produção do país poderá voltar a crescer e, assim, ela terá dois picos. Este é o caso, por exemplo, da curva de produção dos Estados Unidos. Entretanto, a existência dessas exceções não pode ser tomada como um escape para não nos preocuparmos com os fortes indícios de que a curva da produção mundial está prestes a passar pelo seu máximo, pois o manancial de petróleo no mundo está secando, restando dúvida somente com relação aos níveis em que a produção continuará e durante quanto tempo.

As economias do mundo todo sofrerão, se a produção mundial de petróleo começar a declinar, a partir de algum momento, entre hoje e 2010. É muito difícil prever, em detalhes, o que acontecerá com a economia mundial a partir desse declínio. Obviamente, os produtos e serviços, cuja composição de preço seja fortemente influenciada pelo preço dos derivados de petróleo ou gás natural, passarão a custar mais, como é o caso de produto petroquímico, transporte, aquecimento residencial, cerâmica, vidro, cimento, aço etc.

Simultaneamente, vai existir uma corrida à biomassa, ao carvão mineral, à energia nuclear e outros, que eram soluções tecnológicas mais caras e irão se tornar competitivas. Certamente, irá ocorrer uma recessão no âmbito mundial, que poderá influenciar no sentido de baixar o preço do petróleo, apesar da tendência de ele ser alto, por ser escasso. Nesse difícil jogo de acomodação, quando for elevada a participação do custo dos derivados no preço de um produto, ele sofrerá aumento inevitável, uma vez que o custo adicional terá que ser repassado, sendo esse um fator gerador de inflação. Nessa situação, os países desenvolvidos, como em 1979, provavelmente não sofrerão tanto quanto aqueles em busca do desenvolvimento, pela capacidade que os primeiros têm de impor preços para seus produtos e serviços no comércio mundial, compensando as perdas com o petróleo mais caro.

Adicionalmente, se os países em desenvolvimento e não exportadores de petróleo não se precaverem contra essa situação, sofrerão mais que os demais, pois suas economias, lastreadas em produtos primários e algumas manufaturas de baixo conteúdo tecnológico, não conseguirão competir nos futuros "leilões de petróleo", já que os preços de seus produtos de exportação não deverão acompanhar o inflacionado mercado de bens e serviços. Depois de muito tempo, outros energéticos terão se tornado viáveis, mundo afora terão ocorrido racionalização e racionamento do consumo de derivados e o nível geral de preços, após o abalo, terá se acomodado em novo patamar.

Jean Laherrère,[24] em outro estudo (19), reafirma que as organizações que publicam dados sobre as reservas de petróleo são dominadas por outros interesses e, resumidamente, qualquer conclusão delas não é confiável. Afirma que as companhias de petróleo guardam muitas das informações como confidenciais, por causa da competição e do mercado de capitais e, aparentemente, as agências de governo contam com o próprio crescimento da economia para resolver todos os problemas futuros. Segundo ele, existem, ainda, os autores acadêmicos que falam de milagres baseados na tecnologia, verdadeiros "pensamentos desejosos".

Em contrapartida, ele declara a existência de geólogos e geofísicos aposentados, categoria na qual ele se enquadra, e técnicos em geral, com larga experiência, livres para falar uma vez que têm tido acesso aos dados técnicos confidenciais, como, por exemplo, Bernabe (20), Bowlin (21) e Deffeyes (22), autores de trabalhos sobre o tema, e Campbell, cujas conclusões sobre o preço e a disponibilidade futura do petróleo são, basicamente, as mesmas do trabalho anterior.[25] Afirma, finalmente, que só o alto preço da energia pode mudar o comportamento de consumo e o estilo esbanjador da sociedade.

---

24. Disponível em www.oilcrisis.com/laherrere/iiasa_reserves.pdf.
25. No *site* www.clubedeengenharia.org.br pode ser obtida lista de mais de 30 artigos sobre o tema.

O próprio Laherrère escreveu outro estudo (23) em que projeta a produção futura de petróleo de todos os principais produtores mundiais, buscando estimar, com maior segurança, a curva da produção mundial. Nesse estudo é mostrado que a produção de petróleo dos países que estão em plena capacidade – todos exceto os do Golfo Pérsico – está, na atualidade, no seu máximo, ou bem próximo dele, e irá passar a ser decrescente brevemente. Da mesma maneira, a produção de alguns dos países do Golfo, a partir de certo momento, no futuro, também passará a diminuir, justificando, em parte, o nervosismo do mercado. Quando da deflagração da primeira Guerra do Golfo, havia capacidade de produção excedente no mundo, fato inexistente em 2005 e 2006. Por isso, o preço dispara, nos dias atuais, por qualquer diminuição da oferta.

Como o trecho de curto prazo da curva de produção de petróleo só pode ter aumento em conseqüência das últimas descobertas já ocorridas, a estimativa da produção de curto prazo é bastante acurada. Assim, nos próximos cinco anos, existirão alguns campos que entrarão em produção e irão diminuir a tensão do mercado por algum tempo. Por outro lado, sabe-se que a curva de descobertas já passou por seu pico nos anos 1960 e que, hoje, o volume descoberto, anualmente, é menos de um terço da quantidade produzida. Portanto, com toda a certeza, a produção mundial também passará, em um reduzido prazo, pelo seu pico.

Os seguidores do pensamento de Hubbert, chamados, neste texto, de autores independentes, estão agrupados em organizações, sem fins lucrativos, para difusão das suas teses e trabalhos que, normalmente, podem ser obtidos na internet.[26] Uma das organizações mais atuantes, a *Association for the Study of Peak Oil & Gas* (Aspo), possuidora de estimativas próprias, reconhece reservas provadas de petróleo convencional em somente 780

26. Disponível em www.oilcrisis.com, www.lifeaftertheoilcrash.net, www.peakoil.net, www.crisisenergetica.org.

bilhões de barris, excluídas as das regiões polares e de águas ultraprofundas, e reservas a descobrir de, apenas, 150 bilhões de barris, o que é bastante limitado. O estudo de Sérgio da Rosa e de Gabriel Gomes[27] (24) apresenta as projeções de seguidores do pensamento de Hubbert e de conservadores, além de outros tópicos.

Projeção da produção mundial

Nas páginas que seguem, complementando o presente capítulo, são apresentados gráficos, obtidos em um desses *sites*, que mostram as evoluções da produção e da demanda de petróleo de seis países.

O primeiro corresponde à situação dos Estados Unidos, onde se observa a tendência de divergência das curvas de produção e de demanda, pois enquanto a produção cai, a demanda aumenta, sendo importante lembrar que isso ocorre com o país que representa 25% do consumo mundial e que importa cerca de 60% das suas necessidades, como já mencionado.

O Reino Unido, que já foi importador de petróleo e, após a descoberta no mar do Norte, passou a ser exportador, agora está no trajeto de volta para ser importador, fato já citado, uma vez que sua produção é declinante. Obviamente, essa produção, como a dos Estados Unidos, já passou por seu pico máximo.

O terceiro país mostrado é a China, que quer melhorar o padrão de consumo de sua população, aceleradamente, o que é um direito soberano do país, mas que representa uma explosão no consumo de diversos insumos, incluindo o petróleo. A taxa de crescimento da demanda de petróleo tem variado entre 5% e 9% ao ano, nos últimos 15 anos, e como ela tem uma produção interna aquém das necessidades tem recorrido ao já competitivo mercado externo. O crescimento da demanda de petróleo nesse

27. Ambos gerentes do BNDES.

país foi de 9,1%, em 2003 e 9% em 2004. Note que, até 1993, a China era auto-suficiente em petróleo, pois a sua produção sempre foi expressiva, estando, hoje, em torno de 3,5 milhões de b/d. Mas, a partir daquela data, não conseguiu mais suprir a demanda do seu *boom* de crescimento. Em 2003, suas importações de óleo cresceram 31% e, até 2025, sua necessidade dobrará, pois deverá passar de 5,4 milhões de b/d em 2004 a 10,9 milhões. Para se ter uma idéia da determinação chinesa, basta verificar que os negociadores desse país buscam, mundo afora, nos dias atuais, acordos entre países ou empresas para que haja acréscimo da importação de óleo, e até a compra de companhias de petróleo estrangeiras tem sido buscada.

A situação da Índia é análoga à da China, pois a economia daquele país também tem crescido a altas taxas e, com isso, tem demandado petróleo em volumes crescentes, de 4% a 7% ao ano, nos últimos 12 anos. A diferença entre a China e a Índia é que esse último país nunca foi auto-suficiente.

O caso da Indonésia deveria servir de exemplo a não ser seguido pelo Brasil, pois aquele país exportou petróleo durante mais de 30 anos, tendo sido até membro da Opep, e, em 2004, como sua produção atual é declinante, tornou-se importador. Chegou a vender petróleo até a US$ 3 por barril e, agora, vai importá-lo a US$ 60 ou sabe-se lá a quanto mais.

Na seqüência de gráficos vem o do Irã, cabendo ressaltar que este país não pretende aumentar a sua produção de modo a exportar o adicional, apesar de que, se desejasse e investisse, poderia fazê-lo, uma vez que as suas reservas permitiriam. Nesse início de 2006, pelas pressões que vem recebendo das grandes potências, por seu desenvolvimento no setor nuclear, poderá vir a usar o petróleo como instrumento de barganha, dosando as exportações, em função dos possíveis ajustes na agenda internacional.

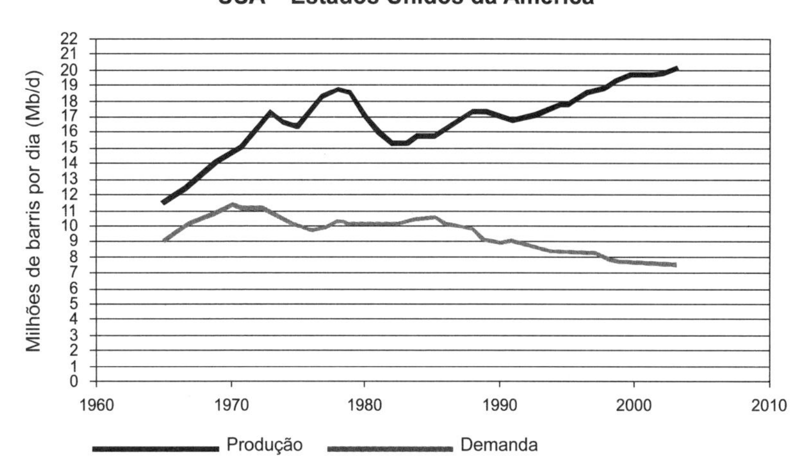

Fonte: http://www.oilcrisis.com/nations/2004.

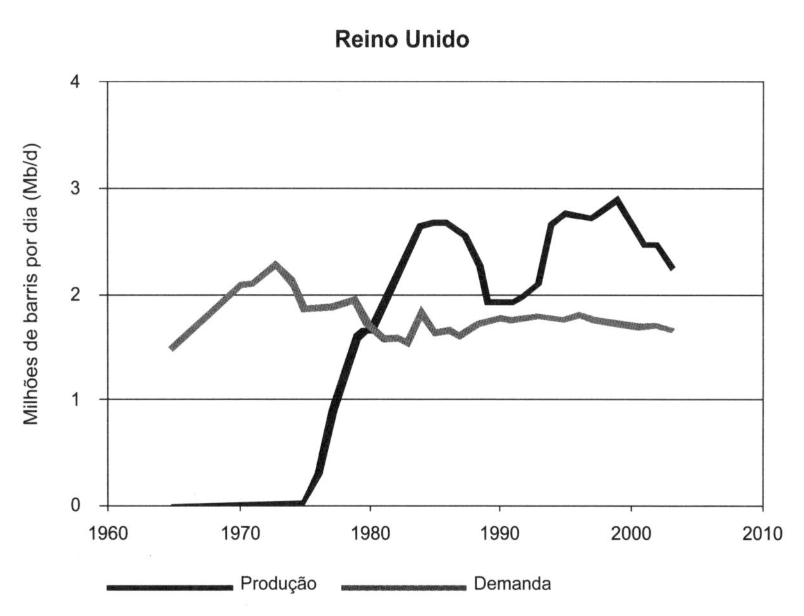

Fonte: http://www.oilcrisis.com/nations/2004.

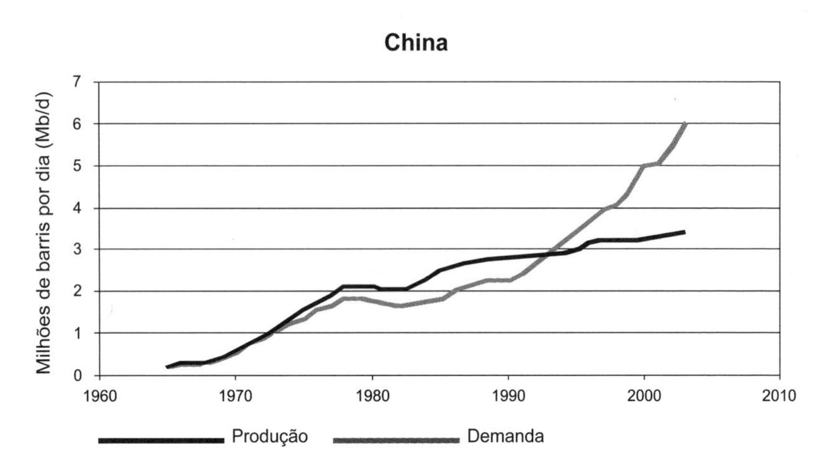

Fonte: http://www.oilcrisis.com/nations/2004.

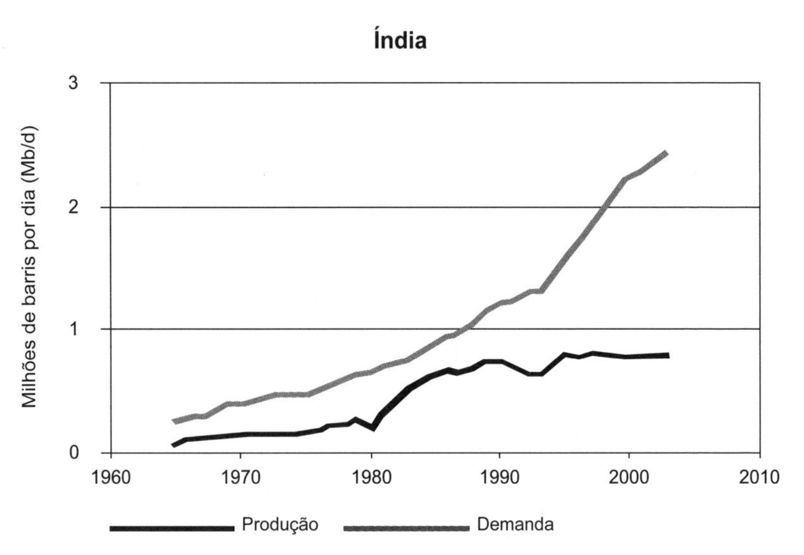

Fonte: http://www.oilcrisis.com/nations/2004.

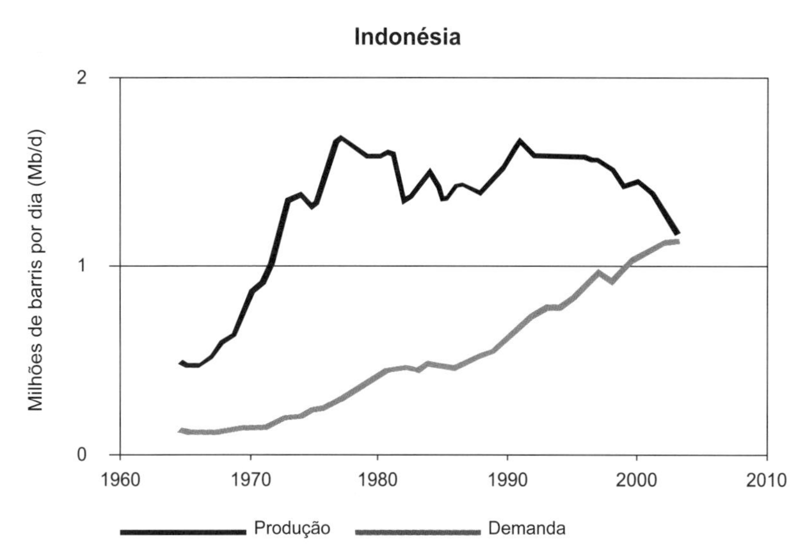

Fonte: http://www.oilcrisis.com/nations/2004.

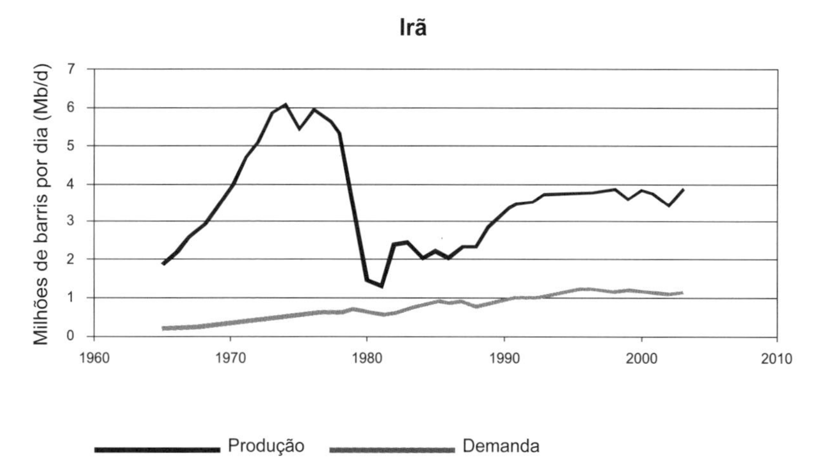

Fonte: http://www.oilcrisis.com/nations/2004.

É mostrado, a seguir, um gráfico que contém a produção mundial passada de petróleo e sua projeção para o futuro, obtido no mesmo *site* citado anteriormente. A parte relativa à previsão do futuro, nesse gráfico, foi elaborada por meio da compilação das projeções de produção de petróleo de mais de 40 países, os grandes e médios produtores, e inclui a produção futura do gás natural líquido, do petróleo de águas ultraprofundas e do Pólo. Através desse gráfico, pode-se ver claramente que, em torno de 2007, a produção mundial passa por seu pico e a inclinação da curva no trecho descendente é acentuada, o que quer dizer que o preço do petróleo irá subir muito para aqueles países que ainda poderão comprá-lo.

Decorre dessa análise que os dirigentes de um país que tenha parcela considerável do seu suprimento de energia baseada em petróleo e diferentes alternativas de produção futura das suas reservas, podendo atender a exportações, além do abastecimento interno, se forem socialmente compromissados, não deveriam raciocinar com ganhos de médio e longo prazo, em troca de quinquilharias e aparentes vantagens de curto prazo. Deixar a sociedade à mercê do mercado futuro de petróleo, na época da escassez, seria a pior das decisões. Mais uma vez, deve-se ressaltar um alerta para os responsáveis pelo setor em no país.

Como já foi dito anteriormente, o barril do petróleo, que está sendo transacionado por cerca de US$ 70, é ainda mais barato que o preço da época do segundo choque, em 1979, que girava em torno de US$ 12, depois de este ser atualizado pela inflação americana, como pode ser observado no gráfico, também a seguir, retirado de um trabalho da IEA (25). Esse fato explica o porquê de países desenvolvidos praticamente não estarem cuidando da introdução de projetos de energias alternativas ou de conservação de derivados em suas economias. Eles sabem que têm melhores condições para enfrentar os altos preços por poderem repassar em seus bens e serviços de exportação os gastos adicionais com o petróleo.

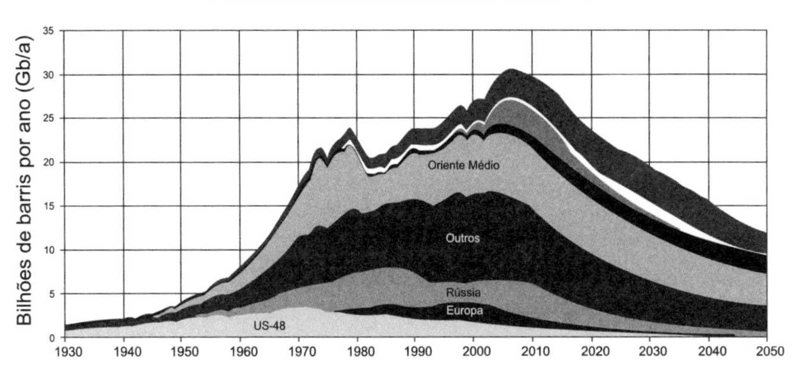

Fonte: http://www.oilcrisis.com/nations/2004.

Preço médio do petróleo importado pelos países da IEA

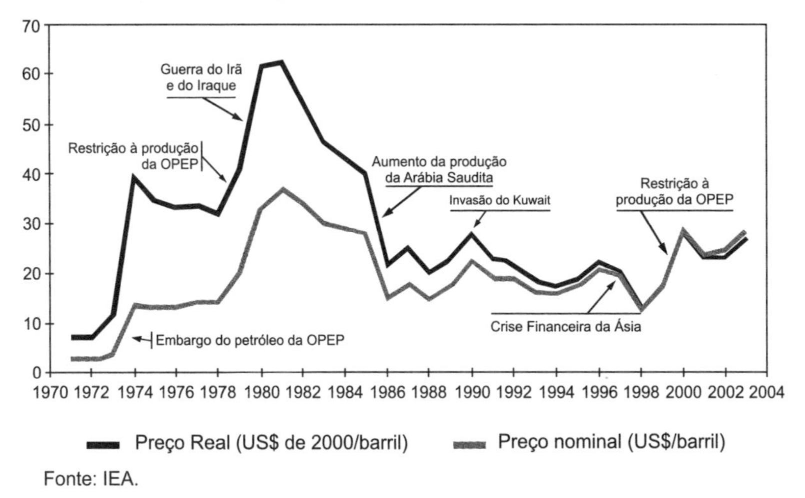

Fonte: IEA.

Sobre a questão do impacto do preço do petróleo, é interessante analisar a tabela, mostrada a seguir, que foi publicada em matéria do jornal *Le Monde* (26), na qual as variações no PIB, na inflação e na balança comercial, para um aumento de US$ 5 no preço do barril, foram avaliadas quando o preço do barril estava em torno de US$ 40, podendo existir variações diferentes quando o preço estiver em um patamar acima, como atualmente. Note que essas variações estão, à primeira vista, aquém do que se esperaria como impacto.

Impacto do aumento permanente de US$ 5 por barril (valores em %)

Países	No PIB	Na inflação	Na balança comercial
Estados Unidos	–0,4	0,3	–0,1
Países da zona do euro	–0,4	0,3	–0,1
Japão	–0,2	0,1	–0,2
Polônia	–0,3	–	–0,4
Rússia	–0,7	–	1,8
China	–0,4	0,4	–0,3
Índia	–0,5	1,3	–0,6
Argentina	–0,2	0,1	0,1
Brasil	–0,2	1,0	–0,2
México	–	0,1	0,2
África do Sul	–0,4	1,2	–0,9
Turquia	–0,2	n.d.	–0,3

Fonte: *Le Monde*, 1º out. 2004.

Paulo Ludmer,[28] em artigo (27), citando Carlos de Greiff Moreno, do periódico *El Tiempo*, de Bogotá, menciona que a elasticidade preço da demanda mundial de petróleo é de US$ 6 por milhão b/d. Desse modo, quando a procura cresce um

28. Diretor executivo da Associação Brasileira de Grandes Consumidores Industriais de Energia (Abrace).

milhão b/d, sobe de US$ 6 a cotação internacional do óleo cru. No segundo semestre de 2005, a cotação do barril oscilava ao redor de US$ 60. Greiff Moreno radiografava o momento petrolífero dizendo que faltavam 3 milhões de b/d no mercado: 1,5 milhão que deveria vir a mais na oferta iraquiana e 1,5 milhão adicional do grupo Yukos, em conflito com o governo russo, sendo só esses dois episódios responsáveis pela alta de uns US$ 18 por barril no mercado. Esses dados nos levam a concluir que não há capacidade de produção ociosa, no momento, em todo o mundo.

Não é nosso objetivo, no presente trabalho, fazer projeções sobre a produção mundial de petróleo e, conseqüentemente, referendar os estudos do primeiro ou segundo grupo, até porque tal tarefa iria requerer uma equipe de técnicos e a obtenção de informações não divulgadas de forma aberta, principalmente, em outros países. Um estudo desse porte deveria ser feito pelo governo, envolvendo o MME, o Itamaraty e a Agência Brasileira de Informações (Abin), entre outros, formando equipe altamente especializada. No entanto, a escalada recente do preço do barril corrobora a tese dos autores independentes e, no planejamento de tão estratégico setor, deve ser concedido o benefício da dúvida a esses autores, primeiro porque as explicações dadas por eles para a discrepância dos dados são lógicas e, em segundo lugar, porque todas as suas previsões têm se mostrado verdadeiras até o momento, e serão drásticas as conseqüências para o Brasil se não nos prepararmos adequadamente para um cenário mundial com o preço do petróleo vertiginosamente crescente, a partir de momento tão próximo.

A cientista social Ana Esther Ceceña[29] apresentou trabalho (28), no II Fórum Social Mundial (FSM), no qual afirma que,

---

29. Cientista social da revista *Chiapas* e representante do Instituto de Investigaciones Económicas do México no II FSM.

após pesquisa em documentos do *Department of Defense* (DoD) americano, os interesses vitais dos Estados Unidos, em torno dos quais se organiza toda a atividade do DoD, compreendem:

1. proteger a soberania, o território e a população dos Estados Unidos;
2. evitar a emergência de hegemones ou coalizões regionais hostis;
3. assegurar o acesso incondicional aos mercados decisivos, ao fornecimento de energia e aos recursos estratégicos;
4. dissuadir e, se necessário, derrotar qualquer agressão contra os Estados Unidos ou seus aliados;
5. garantir a liberdade dos mares, vias de tráfego aéreo e espacial e a segurança das linhas vitais de comunicação.

Pelo item 3, recém-mostrado, observa-se que criar dificuldade de acesso para empresas americanas cumprirem contratos já assinados, que se refletirão no fornecimento de petróleo por essas empresas para o mercado americano, pode desencadear uma guerra. Sob tais condicionantes, no caso brasileiro, e com as cláusulas de concessão estabelecidas pela ANP, será impossível reformular os contratos, no futuro, para obrigar as empresas a destinarem o petróleo aqui produzido, exclusivamente, ao nosso mercado.

A fragilidade da posição brasileira, sendo criada, hoje, com a assinatura dos contratos de concessão da ANP, é ainda maior se lembrarmos que o maior número das áreas leiloadas é de blocos marítimos e que o poder de dissuasão das nossas Forças Armadas é mínimo quando comparado com o poderio militar de potências estrangeiras. Sobre essa questão, sugerimos a leitura do nosso artigo, "O novo Iraque pode ser aqui", constante do Anexo II.

Recomendamos, também, a leitura de alguns artigos que contêm a opinião de estudiosos da questão do petróleo e de geopolítica e estratégia, quais sejam, Rubens Ricupero[30] (29), Cerqueira Leite[31] (30) e (31), Paul Krugman[32] (32), Paul Roberts[33] (33) e Nicolas Sarkis[34] (34). Opiniões essas, por sinal, desprezadas pelos governantes brasileiros desde 1999, quando começou, na prática, a entrega do nosso petróleo. Valendo-nos, mais uma vez, de consagrados estudiosos da questão nacional, julgamos oportuno mostrar alguns trechos que refletem a dura realidade no contexto das nações.

Segundo José Luís Fiori[35] (35):

> Em síntese, o que se está assistindo hoje no mundo do petróleo e do gás natural é uma expansão veloz da demanda e um aumento da intensidade da competição, entre os velhos e os novos grandes consumidores da energia disponível no mundo. Mas, esta não é apenas uma disputa normal de mercado, nem é o produto de alguma manobra da Opep ou do aumento puro e simples das taxas de crescimento da economia mundial. Pelo contrário, é o produto de uma gigantesca mutação geoeconômica do capitalismo mundial, que está exigindo não apenas um aumento da produção da energia, mas também uma redistribuição radical de suas fontes de produção.

Carlos Lessa diz (36) que

> É discutível o sentido estratégico de, a longo prazo, converter o Brasil em exportador de petróleo. [...] A atual alta de preços parece

30. Embaixador e ex-secretário-geral da United Nations Conference on Trade and Development (UNCTAD).
31. Físico e professor da Unicamp.
32. Economista, colunista do *New York Times* e professor na Universidade de Princeton.
33. Jornalista da *Harper's Magazine* e do *The Los Angeles Times*. Também autor do livro *The end of oil*.
34. Diretor do Centro Árabe de Estudos Petroleiros.
35. Cientista político e professor do IE/UFRJ.

> antecipar-se às projeções deste cenário de escassez progressiva – descobertas importantes ficaram raras. É possível pensar a reserva brasileira de petróleo como um estoque estratégico em crescente valorização. [...] Acho miopia da ANP levar à frente uma sucessão de licitações. Estrategicamente é um equívoco econômico e geopolítico abrir nossas potencialidades de petróleo ao investimento estrangeiro.

Colin Campbell deu uma entrevista (37), recentemente, a uma revista semanal brasileira, mais de sete anos depois do lançamento do seu primeiro artigo, publicado na *Scientific American*, na qual repetiu tudo que sempre disse, de maneira atualizada. Os sete anos decorridos são o tempo necessário para a consolidação de uma idéia que endossa, naturalmente, a necessidade da predominância do Estado sobre o mercado como o melhor caminho para a sociedade ser beneficiada, haja vista as duas respostas de Campbell a perguntas específicas sobre a situação brasileira.

À pergunta sobre qual seria a situação do Brasil no cenário descrito, ele respondeu:

> O Brasil é um caso especial, porque encontrou uma maneira de extrair petróleo em águas profundas. Não fossem essas reservas, o país não teria mais de 7 bilhões de barris. O auge da produção brasileira em poços tradicionais ocorreu em 1986. Incluindo as reservas em águas profundas, o Brasil atingirá o pico em 2011. A partir daí, ela cairá. Portanto, o país tem uma posição relativamente boa, mas não está livre da crise mundial de energia. Se aceitam uma sugestão, eu diria que o Brasil não deveria descuidar de seu futuro energético apenas porque a situação atual é confortável. É preciso ser rápido para evitar o pior.

Com relação à segunda pergunta, que era sobre qual a melhor estratégia para o Brasil, ele assim respondeu:

O consumo brasileiro aumentou muito. Saltou de 300 mil barris por dia em 1966 para 1,2 milhão de barris em 1990. Chegou a 1,8 milhão de barris diários em 2000. Desde então está estabilizado. O Brasil pode atingir a auto-suficiência em 2005 e ainda terá uma sobra para exportar até por volta de 2020. Depois, voltará ao mercado mundial como comprador. Se eu fosse o governo brasileiro, estudaria a possibilidade de estocar a maior parte da produção nacional atual em vez de exportar o excedente.

Com essas duas respostas, constata-se que Campbell é mais comprometido com a sociedade brasileira que os governantes do país, nos últimos 11 anos. Mais uma vez, o alerta está lançado para que os verdadeiros patriotas façam chegar às autoridades o significado maléfico das políticas em curso no setor do petróleo, que colocam em risco nossos anseios de crescimento e desenvolvimento e, por que não dizer, a própria soberania da nação brasileira.

4

A dominação externa e o setor de petróleo no Brasil

Nova forma de dominação mundial

Qualquer análise de um certo momento perde profundidade ou significado se não for verificado como se insere tal momento no processo histórico como um todo. Assim ocorre que os seculares processos de dominação de povos e de classes sociais têm mostrado uma constante mudança, vindo do mais primitivo processo, a colonização pelas armas e a escravidão, que utilizava a força bruta para a opressão, passando pelo severo controle e domínio do comércio, do crédito e do desenvolvimento da tecnologia, e evoluindo para a sutil e sofisticada forma, predominante nos dias atuais. Para tal foi criado um arcabouço de ideologia econômica, de relações internacionais e de propaganda para exercer o domínio, chegando esse processo à perfeição de levar o dominado à sensação incorreta de que, primeiro, não há dominação e não há o fluxo de riqueza em só um sentido; em segundo lugar, há justiça e igualdade de oportunidades para todas as nações; e, em terceiro, se alguma nação é atrasada, é por culpa exclusiva dela.

A dominação pode ter fases de menor rigor, situação em que surge uma possibilidade para o crescimento de nações emergentes. Esse fato normalmente acontece quando o poder mundial está dividido, como na época da bipolaridade dos Estados Unidos e da União Soviética, a despeito da tensão de guerra mundial iminente. No entanto, não poderá haver um verdadeiro crescimento, com a conseqüente maior satisfação da sociedade, se não existir uma luta consciente, em defesa da própria soberania. Assim, não existe país social e economicamente desenvolvido sem uma história de grandes lideranças e um povo disposto a lutar em defesa do necessário grau de soberania.

A disseminação das teses neoliberais e da globalização, elaboradas para satisfação dos interesses das grandes potências, sedimenta as bases da moderna forma de dominação das economias periféricas. A bem da verdade, as teses do liberalismo foram concebidas, logo após o primeiro grande conflito mundial, pelo capital internacional na busca da maximização dos seus lucros, tendo acarretado maior espaço para a expansão da poderosa economia americana e ajudado a desmantelar os impérios da época, especialmente o império inglês.

A busca do chamado "espaço vital" para o crescimento das economias industriais motivou grande parte dos conflitos que culminaram com a Segunda Grande Guerra, em meados do século XX. Valendo-se do seu poderoso parque manufatureiro, inteligentemente construído com base no seu amplo espaço econômico interno, os Estados Unidos sempre tiraram proveito desses conflitos, buscando abrir as fronteiras comerciais para os seus produtos manufaturados, bem como assegurar o mais amplo quadro de fornecedores para as necessárias matérias-primas, entre as quais sempre teve relevo o petróleo. Com a ascensão da antiga União Soviética e a psicose causada por uma hipotética ameaça do comunismo internacional, reforçaram-se os conceitos do capitalismo, unindo os interesses dos países industrializados sob o comando ideológico e militar dos norte-americanos. Nesse contexto, foram concebidos para "bem direcionar" a economia mundial, incluindo implantar as teses neoliberais e da globalização, o FMI; o Banco Internacional para Reconstrução e Desenvolvimento (Bird), mais conhecido como Banco Mundial; o General Agreement on Tariffs and Trade (GATT), precursor da atual Organização Mundial do Comércio (OMC); e a Organização do Tratado do Atlântico Norte (Otan), dentre outros importantes organismos. O controle pelos países centrais das instituições internacionais de comércio, patentes e crédito é primordial para o sucesso do processo de dominação dos países economicamente atrasados.

Essas teses, apesar de conterem embasamento lógico, partem de premissas falsas e têm aplicação tendenciosa, pois não são utilizadas na sua completa extensão nos próprios países dominadores. Como exemplo das premissas falsas, citamos o fato de que a competição de mercado para maior satisfação dos consumidores é correta, desde que o mercado fosse perfeito, o que não ocorre em muitas situações, como no caso do petróleo, por exemplo. Existem, também, outros objetivos para as sociedades além da busca da competição de mercado, muitas vezes conflitantes com a competição, haja vista que diversos setores da economia, nos Estados Unidos e na Europa, por exemplo, são protegidos da competição externa, em defesa dos interesses locais. Por que nossos falaciosos ideólogos e defensores das teses liberalizantes não adotam semelhante comportamento em defesa dos interesses nacionais? Serão eles inocentes ou cooptados como agentes dos grupos econômicos, para consecução dos gananciosos interesses em jogo?

Discursos ideológicos, repetidos à exaustão, em uma mídia submissa e manipulada por grandes grupos, a fim de torná-los verdadeiros, sem permitir uma análise isenta pela sociedade e melhor compreensão e amadurecimento dos fatos, compõem, também, a base da dominação moderna. Conquistas chanceladas como diplomáticas pelas potências econômicas, estabelecendo leis de comércio, de propriedade intelectual, de meio ambiente e tantas outras, destinadas a assegurar a máxima satisfação das suas sociedades, não importando se os impactos no resto do mundo serão negativos, constituem outro aspecto da dominação. Certamente, a distância de desenvolvimento tecnológico e cultural entre dominadores e dominados facilita a ação dos primeiros, mas a triste e chocante realidade no processos de dominação atual e anteriores é a conivência de influentes lideranças nos países dominados, corruptas e insensíveis, que, aliadas aos interesses externos, atuam em prejuízo dos seus próprios irmãos, traindo-os.

A evolução do processo de dominação no país, analisada a seguir, de forma sucinta, tomando como ponto de partida o término da Segunda Guerra Mundial, seguiu o modelo aplicado a todos os países atrasados, devendo ser ressaltado que, no período entre as décadas de 1940 e 1970, no mundo ocidental, a ação dos poderosos interesses internacionais não foi tão pesada quanto a atual. Assim, o Brasil e os demais países subdesenvolvidos tiveram algum grau de soberania e conseguiram esboçar seus projetos de nação.

A tênue dominação, até a década de 1970, se caracterizava, principalmente, pela atuação das empresas dos países centrais, dos empréstimos aos países subdesenvolvidos, dos acordos de cooperação militar e outros. Propaganda maciça fazia crer que as multinacionais trariam tecnologia e desenvolvimento para os países do terceiro mundo, mas não mencionavam que, no fluxo de caixa de longo prazo dessas empresas, sairiam mais recursos do país do que aqueles localmente investidos; elas nunca desenvolviam tecnologia em outros países que não o da matriz e utilizavam produtos e processos arcaicos nos mercados externos para aumentar a rentabilidade global da corporação, dentro de uma lógica compreensível no mundo corporativo. A maior falsidade na propaganda da época era a de se procurar transmitir o conceito de que o capital internacional não teria pátria, dando a entender que, estando em um país, ele agiria em defesa dos interesses desse país. Com certeza, tal inverdade não foi transmitida por inocência.

Sobre esse tema, vale a pena ler um antigo discurso, ainda bastante válido nesses tempos modernos que vivenciamos, proferido pelo general Smedley Butler, do Corpo de Fuzileiros Navais dos Estados Unidos, intitulado "Intervencionismo",[36] em que ele mostra que não só esse capital tem pátria, como o interesse da sua pátria está intimamente ligado ao seu próprio interesse. Deixando claros seus sentimentos de soldado e patriota, num trecho do referido discurso, constante do Anexo III, o general afirma que

> O problema com os Estados Unidos é que quando o dólar só rende 6% aqui, então o país fica inquieto e vai para o exterior, a fim de conseguir 100%. Em seguida, a bandeira segue o dólar e os soldados seguem a bandeira. Eu não iria para a guerra de novo, como eu fui, para proteger algum investimento nojento dos banqueiros. Existem somente duas coisas que nós deveríamos lutar por elas. Uma é a defesa de nossos lares e a outra é a Carta de Direitos. Guerra por qualquer outra razão é simplesmente uma extorsão.

Ainda sobre o tema dos interesses do Estado americano confundirem-se com os interesses do capital daquele país, John D. Rockfeller[37] diz, em seu livro (38), referindo-se ao setor de petróleo, que "um de nossos melhores colaboradores tem sido o Departamento de Estado [americano]". Essa dura realidade, sempre mascarada e distorcida pelos poderosos interesses econômicos e geopolíticos, bem como os efeitos decorrentes são mostrados em

36. www.fas.org/man/smedley.htm.
37. Fundador da Standard Oil (atual Exxon).

detalhes no já citado livro de Daniel Yergin. Foi trazida a público no Brasil pelo engenheiro Argemiro Pertence,[38] ao afirmar em palestra (39):

> Para assegurar o lucro das corporações do petróleo, os governos dos países desenvolvidos nunca hesitaram em praticar apoio a ditadores, suborno, corrupção e guerra ou desordem civil. Assim como os governos precisam das companhias de petróleo para assegurar o suprimento de derivados que garantem a operação de suas máquinas de guerra, as companhias precisam dos governos para proteger seus campos de petróleo e suas rotas de transporte que garantem seus lucros.

Das 15 maiores empresas do mundo, cinco delas são do setor de petróleo, a saber, Exxon, Shell, BP, Total e Chevron.[39] Existem cerca de 63 mil corporações multinacionais, das quais 47 mil têm sede na América do Norte, Europa Ocidental e Japão, e, além disso, 99 das 100 maiores empresas do mundo têm sede em países desenvolvidos.[40] O faturamento da Shell, em 2003, foi maior que o PIB da Venezuela, enquanto o da Exxon-Mobil, em 2003, de US$ 247 bilhões, foi maior do que o orçamento do Brasil, Canadá, Espanha, Suécia e Holanda, e o lucro da Exxon, em 2003, de US$ 22 bilhões, foi maior do que a soma dos lucros da GM, Ford, Daimler-Chrysler e Toyota.[41]

Portanto, um país subdesenvolvido não poderia contar, somente, com as empresas multinacionais para superar sua situação de atraso econômico e industrial. Elas podem contribuir com o país hospedeiro, gerando emprego e renda, mas devem ser legalmente controladas para não criar situações de apreensão e não dilapidar o patrimônio nacional, como a remessa de lucros

---

38. Ex-diretor da Associação dos Engenheiros da Petrobrás (Aepet).
39. De acordo com a revista *Fortune Global 500*.
40. Disponível em www.corpwatch.org.
41. Mesmo *site* do item anterior.

acima do razoável ou a exaustão acelerada de minerais estratégicos. É inaceitável a dominação por empresas estrangeiras de segmentos estratégicos de um país, executando ações predatórias, como ocorre, por exemplo, quando elas retiram o petróleo e o gás natural do país e os remetem para o exterior, pagando taxas mínimas. Comprometem, dessa maneira, o crescimento econômico do país por força de contratos de concessão assinados por governos comprometidos com o capital externo.

Este era exatamente o caso da produção de gás natural na Bolívia, antes da nova lei dos hidrocarbonetos e da nacionalização das reservas e instalações industriais. As lideranças populares, que colocaram no poder, na última eleição, Evo Morales, acusavam as empresas estrangeiras de deixarem no país um valor mínimo devido à produção de gás natural, quase toda destinada à exportação. Diziam também que os contratos de concessão tinham sido assinados por prepostos da oligarquia que dominava o país, mas não representavam o povo boliviano, e que aproveitaram para aumentar suas riquezas pessoais. A bem da verdade, essas afirmações são corretas.

Nós, brasileiros, ficamos preocupados com a possibilidade de a Petrobrás vir a perder os investimentos feitos na Bolívia, bem como o suprimento para nossas empresas e serviços ser prejudicado. Intensas e importantes negociações estão em curso e o bom senso certamente predominará, tendo o Brasil a responsabilidade de atuar como parceiro seguro e confiável, defendendo os interesses nacionais, ao mesmo tempo que empenhará esforços para a tranqüilidade e o progresso da vizinha e pobre Bolívia.

Do mesmo modo que propugnamos pelos nossos direitos, como nação soberana, no estratégico setor dos hidrocarbonetos, temos o dever de mostrar ao mundo e, em especial, à comunidade sul-americana que, diversamente das potências imperialistas, defenderemos os interesses brasileiros, com compreensão e respeito pelo direito soberano do povo boliviano sobre suas jazidas de gás natural e petróleo. É imprescindível que novos conceitos e princípios culturais se consolidem, diversos dos que nos têm sido impingidos pelas potências hegemônicas, econômicas e militares.

Por outro lado, o governo boliviano poderia reconhecer a dívida para com as empresas que tiveram seus bens expropriados, mesmo que só se comprometa a pagá-la no longo prazo. Outro problema que o governo da Bolívia deve enfrentar com inteligência e maturidade refere-se ao novo preço do gás a ser recebido pela Petrobrás. Não é possível "recuperar o gás derramado", ou seja, o preço atual não deve compensar eventuais perdas do passado, sob pena de incentivar a Petrobrás e o consumidor brasileiro a adotar outra fonte de energia para suprir suas necessidades.

É preciso não esquecer que a Petrobrás conseguiu criar um mercado para o gás da Bolívia e construiu um gasoduto para transportá-lo, sendo necessário, hoje, ter esse gás para satisfazer seus clientes e poder usufruir o investimento feito no gasoduto. Entretanto, a Bolívia não tem outro comprador, no curto e médio prazo, para seu gás. Assim, esse país tem o monopólio de fornecimento de boa parcela do gás que a Petrobrás vende, mas o mercado desse gás é monopsônico, pois é formado por um único comprador. Resta lembrar que o processo de decisão de construir esse gasoduto, ocorrido durante o governo FHC, não considerou aspectos estratégicos, o que contribuiu para nos levar para a situação de dependência atual. Sobre a nacionalização do gás da Bolívia, pode ser lido nosso artigo intitulado "O boliviano é melhor que o brasileiro?", constante do Anexo IV.

O baixo desenvolvimento cultural das populações nos países sujeitos a processos de dominação e o domínio da mídia pelo poder econômico, que possui interesses particularistas, aliados à falta de humanismo e de nacionalismo das lideranças desses países, levam à deplorável situação de total subserviência das sociedades controladas. A independência cultural talvez seja o primeiro passo para a libertação. Sobre as questões de dependência e soberania, podem ser lidos Costa[42] (40), Fiori[43] (2) e Pinheiro Guimarães[44] (41), além de outros.

Com a vitória dos Estados Unidos na corrida armamentista e o desmonte da antiga União Soviética, no início dos anos 1990 passou a ser mais clara a hegemonia americana. Nesse novo mundo, sem uma perspectiva de iminente confronto de porte, os Estados Unidos não precisam mais fazer concessões para país algum. Ainda na década de 1980, um burocrata de Washington, o senhor John Williamson, certamente cumprindo ordens, listou o receituário, conhecido como o Consenso de Washington, que passaria a ser exigido pelo FMI, Banco Mundial e outros organismos internacionais de crédito, a todos os países subdesenvolvidos e endividados, principalmente os da América Latina.

Esse receituário, como já foi dito, sintetizava as chamadas teses neoliberais e da globalização, de interesse dos países ricos, que incluem desregulamentação da economia, programa de privatização, constituição do Estado mínimo, voltado só para a área social, controle rígido monetário e orçamentário, retirada de barreiras alfandegárias de proteção à indústria e à prestação de serviços, bem como a adesão do país a todos os acordos internacionais de comércio, de patentes e de livre fluxo de capitais, que premiam os países grandes produtores, tecnologicamente avançados e detentores de capitais. Essas medidas, endeusadas por destacadas lideranças locais, representaram a falência de muitas

42. Darc Costa é economista e ex-vice-presidente do BNDES. O livro citado, organizado por Carlos Lessa, tem um capítulo escrito por Costa.
43. O professor José Luís Fiori é o organizador do livro citado e o autor de dois capítulos deste livro.
44. Samuel Pinheiro Guimarães é embaixador e secretário executivo do Ministério das Relações Exteriores.

empresas e o desemprego de inúmeros trabalhadores nos países a elas submetidos. Assim, as diretrizes do Consenso de Washington podem ser vistas como a "tábua de mandamentos" do novo processo de dominação.

O discurso oficial incluía argumentos falaciosos para justificar as privatizações, como a necessidade de diminuição da dívida pública, a incapacidade do setor estatal de executar novos investimentos por falta de recursos e a ineficiência do setor público. Essas inverdades eram citadas com total desfaçatez. Uma segunda parte do discurso oficial falava do ganho para todos os países, se as barreiras alfandegárias fossem removidas, uma vez que todos consumiriam os diversos produtos e usufruiriam os diversos serviços nos seus preços mínimos, e cada país só estaria produzindo os itens para os quais possui vantagens comparativas, deixando de existir ineficiência no sistema. Como foi mencionado, essa parte do discurso não é aplicada, em muitas situações, pelos países desenvolvidos, como, por exemplo, para os bens e serviços que eles não conseguem produzir a preço competitivo e dos quais não retiram as barreiras alfandegárias, como forma de proteção das suas economias.

Nos anos 1990, foi proposto o mais ousado desses acordos que compõem o arcabouço do processo de dominação, com o nome de acordo multilateral de investimentos (AMI), que consiste em os diversos países do mundo concordarem com a livre atuação dos capitais, sem ser possível para os Estados nacionais, após a assinatura do acordo, mudar a legislação relacionada ao tratamento dado ao capital estrangeiro, os impostos, as relações trabalhistas e os outros parâmetros que influenciam a rentabilidade dos investimentos, a menos que os governos paguem pelo decréscimo do lucro ocasionado. Se o Brasil aderisse a esse acordo, estaria abrindo mão de instrumentos de política econômica, cambial e monetária, o que representaria perda de soberania para o país. As negociações sobre esse acordo só não avançaram mais graças à oposição feita pela França.

Dentro do novo modelo de dominação, um instrumento muito criativo é o *risco país*, estabelecido pelo mercado financeiro mundial. Note que os próprios habitantes de um país em desenvolvimento ficam torcendo para esse índice ser baixo, para não haver uma fuga de capitais, o país não quebrar etc. Porém, para ele ser baixo, é necessário o país estar executando uma política de superávit primário alto, a taxa básica de juros da economia ser alta, enfim, tudo com o objetivo de remunerar o capital alienígena investido, o que acarreta baixo crescimento, desemprego, salário médio baixo dos trabalhadores etc. Dessa maneira, a população, inocentemente, fica torcendo contra ela própria.

Por outro lado, no caso brasileiro, a questão do risco país, que é relacionado com as dívidas externa e interna, precisa ser analisada com muito cuidado pela sociedade, pois ninguém com responsabilidade social deseja que o país se torne inadimplente, com todas as conseqüências decorrentes, como ficar sem crédito, só conseguir importar pagando a vista etc., mas também ninguém quer que a dependência em que nos encontramos seja eterna. Portanto, risco país incorpora um elemento de chantagem do capital internacional e todos sabem que a melhor ação com relação à chantagem, apesar de não ser maravilhosa, é a de não ceder ao chantagista, sendo necessário haver, para o país se prevenir da eventual represália, muito planejamento, o controle do fluxo de capitais e a execução de uma política econômica que prestigie a produção e expanda o mercado interno, gerando mais empregos, maior renda e a conseqüente capitalização do país.

Até a década de 1980, o Brasil, sendo possuidor de um mercado interno representativo e com um parque produtivo razoável, tinha todos os atrativos para obter investimentos e financiamentos, tanto que atraiu empresas e financiadores internacionais que ajudaram a transformar o país na oitava potência mundial. No final da década de 1980, sem entrarmos na causa para o fato, conseguir capital para qualquer projeto passou a ser difícil e, como conseqüência, foi criado todo um arrazoado teórico de avaliação de risco do projeto, que incluía, como um dos componentes, o risco país.

Assim, as agências classificadoras do risco país, um dos entes controladores neste complexo modelo de dominação, cumprem seu papel, colocando a versão atualizada da espada de Dâmocles sempre apontada para a cabeça e o coração das nações periféricas e, com tal ação, conseguem contribuir para perpetuar o subdesenvolvimento. A pergunta que brota, com razão, é se uma agência classificadora, cujas recomendações podem significar a saída de milhões de dólares do país, em pequeno período de tempo, não toma posições por interesse de grupos financeiros, lembrando que, quanto maior o índice de risco de um país, maior a taxa de juros que ele terá de pagar. Não faz sentido uma sociedade se subordinar aos ditames de uma mera agência classificadora de risco, só se explicando tal fato, pelas políticas econômicas puramente monetaristas, com subordinação humilhante às regras impostas pelo capital internacional e apátrida.

Poderíamos pensar em criar um novo índice risco país, que representaria o grau de desatenção que o governo está proporcionando aos seus cidadãos. Esse novo índice seria, com toda certeza, inversamente proporcional ao das tais agências classificadoras, significando que, quando o país estiver satisfazendo as agências, estará deixando de atender a seus cidadãos. Por tudo isso, é desconcertante ver autoridades, empresários, políticos e a mídia comemorando o fato de o país obter um índice baixo de risco, sem nada comentarem, ou tentarem justificar, sobre o risco do país para o cidadão comum.

Muito disso só acontece porque a sociedade, como um todo, é pouco instruída, despolitizada e mal-informada pela mídia, além de boa parcela dela ter, acima de tudo, simplesmente fome. Por isso, ela é ludibriada, em especial em épocas de eleição, pela propaganda maciça dos grupos de interesse e, na maioria das vezes, vota em lideranças que não têm compromissos com a população. A educação, uma lei democrática de comunicação de massas e a proibição do abuso do poder econômico em campanhas eleitorais são passos necessários para maior conscientização política e, conseqüentemente, melhor seleção no ato de votar.

Marilena Chaui,[45] em declaração sobre a mídia, em longo trecho da "Carta aos alunos" (42), após ter sido instigada a emitir opinião sobre o governo Lula, lembrou que, na sociedade capitalista, os meios de comunicação são empresas privadas, que representam os interesses do mercado e, por conseguinte, não são propícios ao debate público das opiniões, colocando para os cidadãos uma verdadeira aporia, pois eles operam como meio de acesso ao debate público, mas são regidos por imperativos privados.

Essa afirmação coloca com clareza o que se testemunha sobre a questão do petróleo, pois a mídia não promove um debate sobre fatos da maior gravidade, como a iminente queda da produção mundial, a atual exportação do petróleo nacional e a importância geopolítica do petróleo. Para opinar sobre tais assuntos, são convidados sempre os mesmos representantes do setor privado, algumas vezes até travestidos de professores universitários, mas rotineiramente comprometidos com os poderosos interesses econômicos no setor. Como conseqüência, não se fala da gravidade da "bomba" que está prestes a explodir, não é lembrado que o petróleo exportado hoje fará falta mais à frente e, em compensação,

45. Filósofa e professora da USP.

louva-se o que foi arrecadado de bônus em uma rodada de leilões de áreas, algo na casa de milhões de dólares, omitindo a futura transferência, para o exterior, dos bilhões de dólares auferidos com a exportação do nosso petróleo, adquirido pelos míseros trocados daquela rodada de leilões.

Dentro do receituário imposto pelos organismos internacionais de crédito, as Agências reguladoras setoriais foram criadas, após as privatizações, nos moldes das que existem em países centrais, no entanto com o objetivo adicional de assegurar o controle do setor para os grupos econômicos nele atuantes, compondo mais uma sutil forma de dominação. Arrazoados exógenos, adaptados às condições locais, foram apresentados como justificativas para sua criação, como

> [...] as Agências irão proteger o consumidor, garantindo a competição e o livre acesso de mais de um empresário aos monopólios naturais, não sofrerão a influência dos grupos corporativos, políticos e empresariais, que tantos danos trouxeram às estatais, no modelo anterior. Terão independência para agirem de forma técnica e, assim, protegerem o consumidor.

Ninguém é contra a se agir de maneira técnica e à proteção do consumidor; entretanto, a expressão "agirem de forma técnica", como subentendido pelos conceitos neoliberais do mercado, tem o significado de ser proibido levar em conta os interesses sociais e nacionais. Note que o modelo de globalização imposto pelos países centrais, sede das empresas transnacionais e do mundo financeiro, visa extinguir a possibilidade de os países dominados adotarem medidas estratégicas e de cunho social, que poderiam reduzir os ambicionados lucros. Como modo dissimulado para satisfazer seus interesses, impuseram conceitos de eficiência e modernidade e conceberam as Agências reguladoras, retirando a força do Estado e seus instrumentos de controle para que seus representantes, nelas inseridos, pudessem agir de "forma técnica". Nesse modelo de globalização distorcido, as Agências passaram a garantir a rentabilidade dos investimentos, em detrimento dos interesses nacionais, esquecendo-se as condicionantes geopolíticas e estratégicas, e, acima de tudo, em detrimento do bem-estar da população.

A crítica relacionada com a ação de grupos corporativos, na condução das estatais, tem fundamento para algumas empresas e em determinados períodos, tendo faltado maior controle social das estatais para sanar esse problema. Faltou, também, maior transparência e vigilância contra a permanente ação dos maus políticos e empresários, que usaram as estatais para usufruir os mais diversos benefícios, desde a obtenção de emprego para seus apadrinhados até a corrupção, como fraude em licitações etc. Se o mau uso de algumas dessas estatais fosse severamente coibido, certamente poderiam ser contabilizados melhores resultados operacionais e benefícios sociais.

Ao se propor uma nova organização para o setor produtivo e o Estado, foi esquecido que a "captura" das estatais, realizada pelos maus políticos e empresários, decorreu, especialmente, da impunidade e do estágio cultural e político da nossa sociedade, e esse estágio não mudou pelo simples ato das privatizações e da criação das Agências. Em outras palavras, trocou-se, apenas, o guichê de atendimento aos grupos de interesse, que se aproveitam das benesses de alguns setores do Estado. O antigo guichê era localizado nas estatais e o novo, mais sofisticado e generoso, em algumas das Agências reguladoras, onde uma decisão da diretoria pode significar benefícios vantajosos para determinados grupos, muitos com sotaques, já que, com a introdução do neoliberalismo e a dita globalização, ocorreram as privatizações, as vendas de empresas privadas nacionais para grupos estrangeiros e a entrada do capital estrangeiro para implantação de empresas no país.

Partiu-se do princípio de que o mau funcionamento existente, à época, em algumas estatais, era um mal intrínseco a elas, induzindo-se a sociedade, propositalmente, a um debate dicotômico sobre estatais versus empresas privadas e, em outra versão, Estado máximo versus Estado mínimo, com o intuito de desviar a atenção do povo da questão principal, que é o proveitoso debate sobre como obter o controle social do setor público, quer seja ele máximo ou mínimo.

A bem da verdade, só agora, depois de séculos de convívio com a corrupção, é que se está tentando corrigir essa captura do setor público, mas ainda não se fala em conseguir o controle social do governo. Esse controle inclui, necessariamente, a correta regulamentação do artigo 14 da Constituição, que permitirá a existência de plebiscitos, referendos, enfim, consultas populares em questões importantes para a sociedade, como já citado.

Se prevalecer, como opção nacional, a existência de Agências reguladoras - acreditando-se ser um bom instrumento de controle setorial, apesar de muitas formas de controle poderem ser exercidas na estrutura tradicional do Executivo –, fere os interesses da sociedade a atuação de Agências totalmente independentes e autônomas. O debate sobre como deve ser realizado esse controle social não começou e, possivelmente, incluirá alternativas como a subordinação das Agências a Conselhos Supervisores, existindo um para cada uma e sendo compostos por representantes do governo e da sociedade civil, com poder de veto e sanções, como implementado, recentemente, para o Poder Judiciário, até então hermético e soberano nas ações administrativas internas, em que pese a estrutura legal assegurando a estabilidade e vitaliciedade dos magistrados. Dessa maneira, nova disciplina administrativa e operacional seria sobreposta à mera garantia de não-demissão de diretores das Agências durante o exercício de mandatos, especialmente se considerando que estes são escolhidos, em parte, por influência do próprio setor a ser regulado, sendo a nomeação, pelo Executivo, após sabatina e aprovação no Senado, uma formalização burocrática, que não garante o compromisso deles com o interesse público.

Com o exemplo do transporte do gás natural, gostaríamos de expor como foram ardilosos os que buscaram uma ideologia para embasar o processo de dominação. No momento em que escrevemos o presente livro, estão tramitando no Congresso três projetos de lei que buscam, principalmente, regulamentar o uso dos gasodutos existentes no país por qualquer empresa que produza ou distribua gás. Se for verificado o arrazoado que justifica o livre acesso e se raciocinarmos dentro das premissas impostas ao problema, iremos concordar com as conclusões. É dito inicialmente que o transporte de gás é um monopólio natural e, como tal, não faz sentido duplicar redes de transporte de gás para elas competirem entre si, o que é perfeito. Continuando, é dito que, se uma empresa construir um gasoduto e se ela não consegue utilizar totalmente a capacidade dele, ela deve permitir, para benefício da sociedade, que sua concorrente tenha acesso ao gasoduto para transportar seu próprio gás, até atingir seu nível de capacidade, sendo remunerada por esse transporte. Em princípio, essa afirmação também parece lógica e correta.

Os ideólogos que criaram esses princípios não lembraram de observar outros pontos porque não eram de interesse para eles. Suponhamos que as empresas que atuam no país não sejam todas iguais para efeito de beneficiar a sociedade local. Imaginemos que uma empresa, a que possui todos os gasodutos do país, é a que traz mais benefícios para a sociedade local, realizando mais compras no país, gerando mais empregos, abastecendo todas as regiões – não só as mais lucrativas –, se comprometendo com o abastecimento de médio e longo prazos do país, não transferindo riqueza para o exterior, não participando de acordos de preço para maximizar lucros à custa de prejuízos para os consumidores etc. Nessa situação, quanto mais essa empresa for privilegiada, mais a sociedade local será beneficiada. Então, é melhor dificultar a expansão das demais empresas e não as impor para o uso do gasoduto. Em vários pontos do discurso neoliberal, podemos detectar erros de lógica desse tipo, quais sejam, analisar problemas com premissas que não são verdadeiras, não considerar todos os fatores que influenciam em uma questão etc.

Todos esses nebulosos meandros administrativos inseridos na estrutura do Estado denunciam o objetivo sub-reptício de manipular a nova estrutura de organização do setor produtivo, reduzindo a ação do poder público, no país, tornando os negócios mais facilitados e lucrativos para o capital internacional e seus parceiros locais, na medida em que os interesses da sociedade estariam excluídos das análises e sem peso no processo de decisão. Assim, o novo arcabouço econômico, jurídico e organizacional pode ser entendido como mais um instrumento de dominação do poder econômico, por imposição da "mão invisível" do mercado ou das "mãos bem visíveis" do Banco Mundial e do FMI, entre outros, que se valem da colaboração de políticos inidôneos e gananciosos. Por tudo isso, faz-se urgente a implementação e o aperfeiçoamento dos instrumentos de controle social, sendo os Conselhos Supervisores uma proposta a ser implementada com prioridade máxima.

O setor de petróleo brasileiro

As mudanças ocorridas no setor de petróleo no país, a partir de 1995, fazem parte de uma orientação política reformadora da economia e da estrutura produtiva, num novo processo de dominação do capitalismo globalizado. Como já mostrado, a reforma consistiu numa evolução muito bem arquitetada, do processo anterior, com o aprimoramento da ideologia suporte, agora mais dissimulada e cuja implantação teve total apoio de destacados segmentos da mídia, parte integrante do mundo do capital, bem como de boa parte da elite nacional, gananciosa e cooptada pelos poderosos interesses envolvidos. Existiram alguns críticos no seio da intelectualidade, mas sem grande acesso ao pensamento popular.

Uma constatação assustadora foi a adesão à nova ordem de alguns pensadores e políticos da esquerda tradicional, desorientados diante da falência da experiência do socialismo real e inebriados pelas fantasias de uma pretensa modernidade, ao assumirem posições de mando governamental. Já há algum tempo, intelectuais honestos e patriotas, acompanhando de modo independente a evolução da humanidade e os sutis processos de dominação, alertavam para o vazio de muitas lideranças, ditas de esquerda, que, à mudança da ideologia dominante, simplesmente escolhiam o pólo oposto daquele em que sempre se posicionaram, colocando-se no local de que eles próprios desdenhavam ao chamar de "direita", faltando-lhes porém a sinceridade e a convicção quanto aos verdadeiros interesses da nacionalidade.

No Brasil, em especial, assistimos, decepcionados, a líderes políticos filiados a partidos considerados de esquerda, e extrema esquerda, subordinando-se a diretrizes predatórias para o patrimônio nacional, com vergonhosos argumentos para se justificarem, chegando à desfaçatez de dizerem da necessidade de defenderem o próprio emprego. Na ansiosa esperança de transformações, com a definição de novos rumos para o país, é oportuno que sejam lembradas as sábias colocações do exponencial patriota, jornalista Barbosa Lima Sobrinho, especialmente quando destacou que, no mundo nebuloso e mutante das ideologias, interessa que se considerem, para o Brasil, apenas duas correntes políticas: a dos patriotas, do partido de Tiradentes, opondo-se, de coração e com todas as energias, à camarilha dos traidores do partido de Joaquim Silvério dos Reis.

As sutilezas da política nacional, com suas astutas e diversificadas espécies de raposas, predadoras do patrimônio público, e submissas aos interesses dos poderosos, fizeram com que, praticamente, não houvesse reação à nova estratégia de dominação, até porque a sociedade, principalmente os mais oprimidos e uma classe média visivelmente desinformada e confundida pelos discursos deturpadores da mídia cooptada, achava que a vida, realmente, melhoraria. Submissos às determinações do poder alienígena, o governo federal e seus representantes no Congresso conseguiram remover algumas cláusulas fundamentais da Constituição de 1988, que, apesar de necessitar pequenas atualizações, fixava princípios sólidos em defesa do interesse nacional. Eliminando a conceituação de "empresa nacional de capital nacional", igualaram as brasileiras com as transnacionais, que aqui aportaram para explorar o portentoso mercado brasileiro e, além de abrirem nosso mercado, sem as devidas cautelas e contrapropostas compensatórias, possibilitaram que grupos externos tivessem acesso aos benefícios e financiamentos do BNDES, administrador de considerável parcela da poupança nacional e, em especial, dos recursos do FAT. Como decorrência desse ato ignóbil, o trabalhador brasileiro, como já foi dito, passou a financiar a desnacionalização do patrimônio público e a conseqüente evasão das nossas parcas economias, e a causar o seu próprio desemprego.

Se a empresa transnacional aqui deseja investir, somando esforços com a economia local, em busca de lucros e desenvolvimento, como já ocorreu em épocas anteriores, que seja bem-vinda, desde que interne tecnologia, equipamentos e recursos, pois a simples abertura das nossas fronteiras econômicas e a acolhedora aceitação da sociedade já representa elevada contribuição para a expansão dos seus mercados. Jamais se poderia proporcionar a alocação dos nossos parcos recursos em detrimento da empresa de capital nacional. Com manobras desse teor, acobertadas pelo manto do chamado Plano Real, que acabou com a inflação e representou, certamente, uma melhoria para o trabalhador, tudo o mais que se seguiu, sob forma de política monetária e econômica ortodoxa, desregulamentação da economia, privatizações, criação das Agências etc., ajudou mais a elite e o capital externo que a sociedade como um todo.

Da mesma maneira, o governo federal, no período de 1995 a 1997, comprometido com a aplicação das teses neoliberais de interesse do poder econômico internacional, explicitadas pelo FMI e pelo Banco Mundial, e utilizando toda sua força política, interveio no setor de petróleo conseguindo aprovar a Emenda Constitucional nº 9, de 9 de novembro de 1995, que buscava acabar, de modo camuflado, com o monopólio estatal do petróleo, bem como a Lei nº 9.478, de 6 de agosto de 1997, que, sem subterfúgios e de forma clara, terminou com o monopólio e deu origem à ANP.

A mesma legislação possibilitou, dentre outras mazelas, que fossem realizados os leilões de áreas selecionadas como promissoras, a serem concedidas aos vencedores para exploração e produção de petróleo e gás natural. Como conseqüência, na atualidade, empresas estatais ou privadas, podendo ser, inclusive, subsidiárias de empresas estrangeiras, têm o direito de extrair o petróleo e o gás natural descobertos, passando a ser proprietárias do que for retirado. Elas pagam tributos, sendo alguns proporcionais ao valor da produção, mas em percentuais menores do que os de outros países. Portanto, o FMI e o Banco Mundial, atuando como prepostos do capitalismo mundial e amparados nos interesses e na conivência de destacadas lideranças políticas e empresariais nacionais, forçaram a criação de arcabouço institucional que permitirá a espoliação de uma das nossas mais valiosas e estratégicas riquezas, as reservas de petróleo e gás, e o que é pior para nossa sociedade, sem existir mecanismos de controle que garantam o abastecimento futuro do país, quando os preços da *commodity* deverão superar o patamar mais pessimista previsto pelos analistas acomodados do setor.

A Petrobrás, no tocante a alguns pontos questionáveis sobre sua responsabilidade social, já havia registrado, até a abertura do território nacional à exploração por empresas estrangeiras, uma competente atuação operacional e uma série de conquistas unanimemente reconhecidas, que a credenciavam para continuar agindo de forma a assegurar que os interesses superiores da sociedade brasileira fossem cada vez mais bem atendidos. Para a Petrobrás poder investir de forma a aumentar sua produção, necessitava contrair empréstimos, sem maiores dificuldades para o fluxo de caixa da empresa, uma vez que teria capacidade de pagamento deles, além de ter garantias a oferecer aos credores. Contudo, como o FMI proibia a contração de empréstimos por parte de estatais, com o argumento de que esse procedimento afetava o endividamento do setor público, o governo brasileiro não permitiu, durante anos, que nossa empresa galgasse novos patamares em sua trajetória de sucessos.

Cerceada em seus planos estratégicos pelas diretrizes da política neoliberal, especialmente no governo FHC, e devendo agir como empresa privada, dentro do objetivo de prepará-la para a privatização, no médio prazo buscou maximizar seus lucros para obter alto retorno sobre o capital investido. Há necessidade de ser aberto um parênteses, pois, ao dizermos que a Petrobrás fez algo, estamos abordando, obviamente, ações referentes à direção da empresa, que é quem tem o poder de decisão interna e põe em prática os rumos impostos pela política do governo. De maneira oposta e lutando, há anos, contra os desvios de conduta dos mandatários políticos, a empresa possui um corpo de empregados que deveria servir de exemplo para os funcionários de muitos órgãos públicos, pelo comprometimento com as causas sociais e nacionais. Muitas vezes, os empregados não aprovam o objetivo das ordens, por ser, por exemplo, prejudicial aos interesses da sociedade, mas se vêem obrigados a cumpri-las, desde que não sejam indignas, amorais ou antiéticas. Por sua tenaz resistência aos desmandos do sistema, esse corpo tem conseguido, em muitas situações, minimizar o grau do dano que seria causado por algumas decisões da direção da empresa. Como todo grupo de servidor público, esse também é acusado de ter interesses corporativos, os quais, quando comprovados, devem ser reprimidos. No entanto, e com toda a certeza, o saldo das ações desse competente e especializado grupo de servidores tem sido positivo para a sociedade brasileira.

Quando pressionada pela avalanche neoliberal dos anos 1990, a Petrobrás quis colocar todas as suas jazidas, ainda não desenvolvidas, o mais rápido possível em produção por meio de parcerias. Poderia não ser a melhor decisão se um planejamento estratégico de suprimento de combustíveis para o país tivesse sido realizado e se levado em consideração o preço do barril de então, bem como a expectativa de preço para o futuro. Se não fechasse as parcerias, importaria mais petróleo no curto prazo, não tendo, porém, de entregar petróleo, no futuro, ao parceiro. Um jogo de estratégias a ser considerado pela alta administração do Estado, de maneira soberana, e que não poderia estar atrelada a políticas comprometedoras de grupos que se apossam do poder, para a gestão da coisa pública, por períodos limitados. Daí defendermos a realização de plebiscitos nacionais, acima de quaisquer grupos travestidos de representantes da população, quando da decisão de questões que irão afetar, para sempre, o corpo social brasileiro.

Na época em que foram decididas as parcerias, buscando evitar as importações de petróleo, estava-se contrariando o que o próprio governo brasileiro de então estabelecera, pois a política de substituição de importações, que tantos benefícios trouxera ao país em épocas passadas, fora condenada, de maneira indiscriminada, em todos os setores de bens e serviços, desde o início dos anos 1990. No entanto, buscava-se, com elas, substituir as importações de petróleo a qualquer custo.

A Petrobrás fechou parcerias, basicamente com empresas estrangeiras, para que investissem, em alguns de seus campos, ainda não desenvolvidos, o que correspondia, em última instância, à obtenção de um empréstimo com a dívida expressa em barris de petróleo, ficando o parceiro com o direito, em muitos casos, de dispor da sua parcela da produção da forma que desejasse, o que, para os interesses do país, não era atraente. Essa alternativa não correspondia, também, à melhor solução, porque o prejuízo com o acréscimo do preço do barril seria, certamente, maior que os juros a serem pagos nos tradicionais empréstimos. A tragédia com a plataforma P-36 marcou bem esse período e, também, foi construída e colocada em operação dentro desse contexto de extraordinária pressa para o início da produção de campos já descobertos. Não se pode afirmar que foi essa a causa do seu afundamento, mas, certamente, a pressa não aumenta a segurança de nenhum empreendimento.

Os contratos de concessão da ANP, seguindo a Lei nº 9.478, dão prazos rígidos para a concessionária executar o programa exploratório mínimo, assim como os planos de avaliação, de desenvolvimento e de produção. A própria ANP tem prazos limitados para analisar as propostas desses planos e, uma vez iniciado um contrato de concessão, ele acarreta uma série de atividades, com dinâmica já estabelecida, conduzindo, pela lógica do negócio, à eventual produção de petróleo e gás. Ocorrendo um resultado de sucesso, a Agência não tem como mudar os termos do contrato, devendo ser mantido o plano de produção desse campo. Dessa forma, consideradas as circunstâncias de determinado momento, como sendo de excesso de produção, a ANP não poderá postergar para o futuro volumes razoáveis da produção desse campo, para esperar a queda de produção de outros, equilibrando a produção com a demanda do mercado local, ou seja, não pode buscar minimizar a troca de petróleo do país com o exterior, mesmo que signifique uma ação de interesse para a economia e a sociedade do país.

Adicionalmente, devido à redação dos contratos de concessão e seguindo a já citada Lei, a ANP não tem como obrigar uma concessionária a vender seu petróleo no país, salvo para abastecer os próximos 30 dias e, assim mesmo, a preços internacionais. Constata-se, portanto, a vulnerabilidade nacional diante do predador sistema de concessões, uma vez que, atendidas as necessidades imediatas do consumo interno, as empresas que aqui investirem terão todo o direito de buscar lucros imediatos, maximizando sua produção, acima da demanda brasileira, para disporem de volumes razoáveis para comercialização no mercado internacional. Lucro imediato, com evasão de divisas, e exaustão das nossas jazidas é o mínimo que se pode prever para um prazo relativamente exíguo.

O cenário é ainda mais preocupante, considerando-se que a abertura do setor para a exploração por empresas privadas, de quaisquer origens, ocorreu sem que a ANP e qualquer outro órgão do governo federal tivessem um planejamento sério, de médio e longo prazos, do suprimento de petróleo ao país. Pretende-se que, após o fato consumado, a recém-instituída EPE venha a fazê-lo no futuro. Assim sendo, mesmo se houvesse disposição e instrumentos para intervir, o governo teria até dificuldade em saber por quanto tempo postergar o desenvolvimento de determinados campos para adequar a produção do país à sua demanda.

Argumentaram, na época da elaboração da Lei nº 9.478, que permitiu às empresas privadas explorarem nossas jazidas, que a Petrobrás não teria capacidade de investir os recursos necessários para garantir a auto-suficiência por um grande período e, portanto, havia a necessidade de deixar outras empresas petrolíferas explorarem e produzirem petróleo aqui. Em abril de 2006, a Petrobrás já atingiu a auto-suficiência nacional com uma produção diária superior a um milhão e oitocentos mil barris e garante que, nos próximos 17 anos, ela será mantida, havendo vultosos investimentos em plataformas e demais equipamentos. Um marco destacado da conquista foi a entrada em operação da Plataforma P-50, solenemente acionada no dia 21 de abril.

Mesmo diante desses fatos relevantes, o governo brasileiro insiste na manutenção das rodadas de leilões, em total desacordo com o interesse nacional. Assim agindo, assume a deletéria responsabilidade, perante a história pátria, de exportar toda produção adicional de petróleo até 2022, apressando a exaustão das nossas reservas e levando o país a ser importador no período seguinte, quando existirá extrema disputa internacional pelo precioso e escasso produto. É importante que os responsáveis pela definição dos rumos a serem seguidos pela nação brasileira, independente de conceituações políticas e econômicas, entendam a gravidade do que vem ocorrendo no setor do petróleo, por já ser tecnicamente possível prever-se que, nas décadas que seguem, não existirão descobertas, no Brasil, a ponto de o país ficar com reservas comparáveis às dos países do Golfo Pérsico e capazes de assegurar nossa auto-suficiência por períodos muito maiores que o citado.

Pelo significado estratégico do petróleo para o caminhar de toda a humanidade, os países do Hemisfério Norte, de clima frio e fortemente dependentes de energia, com especial destaque para a situação dos Estados Unidos, empenham-se em ter suas empresas ganhando concessões para exploração e produção de petróleo no mundo inteiro, à medida que a expansão considerável das reservas nesses países é improvável. Assim, tais empresas estarão expandindo as reservas próprias, que irão ser vendidas a valores cada vez maiores, no mercado mundial, onde seus países de origem têm grande capacidade de compra.

Decorre dessa política de dominação que os países detentores de áreas com possibilidade de existir petróleo sofrem grande pressão para assinarem contratos de concessão de áreas para exploração e produção com as empresas estrangeiras e, como os referidos contratos são considerados atos jurídicos perfeitos, se um país quiser mudar, no futuro, quaisquer parâmetros, como aumentar impostos e taxas, obrigar o abastecimento interno de médio prazo, exercer preços abaixo do internacional etc, estará formal e legalmente impedido. Se, em última instância, o país quiser passar a atuar de forma soberana, buscando mudar tais contratos, para que sejam mais adequados aos interesses da sociedade local, poderá ocorrer uma situação de impasse na qual pode vir a ser utilizada até a presença de Forças Armadas estrangeiras, para intimidar e persuadir o país rebelde. Inúmeros eventos dessa natureza, sob os argumentos mais esdrúxulos, ilustram a história contemporânea da humanidade.

Como já realçado, a freqüência com que ocorrem as rodadas de licitações de blocos, realizadas pela ANP, para exploração e produção de petróleo não está respaldada em um planejamento energético estratégico para o país. Apesar de a descoberta de petróleo, nos diversos blocos licitados, corresponder a um evento aleatório, a lógica permite concluir que, quanto mais blocos são licitados, maior a probabilidade de descoberta de petróleo no conjunto sob exploração. Então, maior freqüência de rodadas de licitações de blocos corresponde a maior probabilidade de produção expressiva de petróleo, concentrada em determinado período, no futuro, e muito além das necessidades do consumo interno. Considerando o período de auto-suficiência garantido pela Petrobrás e baseado na forma como estão redigidos os contratos de concessão, firmados entre a ANP e os ganhadores das licitações, esse fato irá acarretar a exportação de petróleo nacional e a conseqüente exaustão prematura das nossas modestas jazidas.

O Conselho Nacional de Política Energética (CNPE) foi criado pela mesma Lei nº 9.478 para, dentre outras tarefas, firmar diretrizes para a expansão do setor energético nacional, analisar o planejamento energético realizado pelo MME, inclusive o do setor de petróleo, propor ao presidente da República políticas nacionais relativas ao setor de energia e aprovar medidas específicas, sugeridas no planejamento ministerial. É um colegiado vinculado à Presidência da República, composto de sete ministros de Estado e presidido pelo ministro das Minas e Energia.

O Conselho possui também três membros da esfera não governamental federal, dos quais dois são escolhidos pelo Executivo, significando ser inócua essa forma de representação da sociedade. Com tal composição, comprometida com os rumos determinados pela política do governo, ele tem funcionado, na maioria das vezes, como um órgão que ratifica as recomendações de decisões do MME, previamente autorizadas pela presidência da República. Assim, o CNPE ratificou todas as decisões desse ministério sobre a promoção de rodadas de licitações, com todas as conseqüências danosas já demonstradas. Ao menos seria mais coerente com a tão alardeada estrutura democrática do país se uma proposta de rodada de licitações da ANP, pela repercussão desta na economia e nos interesses da sociedade, fosse submetida, antes de qualquer decisão, pelo Executivo ao Congresso Nacional até que se reformulasse o atual sistema, submetendo as decisões da ANP ao crivo de um Conselho Supervisor.

Além dessa sistemática viciada, o MME se baseia em arrazoados da ANP, muitas vezes questionáveis, para justificar a promoção dessas rodadas, como se pode constatar, por exemplo, por ocasião da palestra de um diretor da ANP, no Clube de Engenharia, no Rio de Janeiro, antes da sexta rodada de licitações, que ocorreu em agosto de 2004. Na ocasião, o referido diretor afirmou que ela era necessária, porque a relação entre a reserva e a produção de petróleo do Brasil, índice R/P, justificaria a condição de auto-suficiente em petróleo, a ser conquistada em 2005 ou 2006, por poucos anos.

Contrariamente, o período de auto-suficiência declarado não coincide com o que disse o diretor de Exploração e Produção da Petrobrás,[46] em notícia da *Globo on-line* de 4 de outubro de 2004, ao afirmar, taxativamente, que "depois de alcançada a auto-suficiência, ela se manterá, no mínimo, até 2015, prazo do atual planejamento estratégico da empresa". O diretor justificou que, além das plataformas previstas para entrar em produção nos próximos meses, que contribuirão para aumentar a produção em até 500 mil barris por dia, até 2007, a companhia continuará a aumentar sua produção. E prosseguiu, com suas sólidas assertivas, lembrando que "o volume de produção garantirá uma situação confortável para a companhia, com reservas suficientes para abastecer o país por um prazo de 17 anos".

46. Geólogo Guilherme Estrella, diretor da Petrobrás em referência.

Sobre esse mesmo tema, um outro diretor da Agência, ao tomar posse em junho de 2005, destacou que as reservas brasileiras apresentaram crescimento significativo desde 1997 e que atualmente o país tem petróleo para os próximos 21 anos e quatro meses. Donde se pode concluir, supondo-se a afirmação verdadeiramente fundamentada, não haver necessidade de rodada de leilões para abastecer o Brasil. No entanto, as formulações pessoais, de alguns diretores da Agência, sobre tão complexa questão, são externadas, a cada dia, de maneira tendenciosa e complicada, tanto que o citado diretor da ANP, que esteve no Clube de Engenharia, continuou sua palestra dizendo que "a atividade exploratória presente garantirá as reservas e produção futuras, o que é peça fundamental na redução da dependência energética externa". E complementou, dizendo que "o nível de atividades exploratórias depende da realização periódica de rodadas de licitações e a paralisação terá reflexos futuros nos níveis de produção e levará ao aumento da dependência externa".

Nessas frases, há a mistura de conceitos verdadeiros com conclusões indevidas, como mostrado a seguir. A primeira parte da primeira frase do diretor, "a atividade exploratória presente garantirá as reservas e produção futuras", está perfeita, assim como primeira parte da segunda frase, "o nível de atividades exploratórias depende da realização periódica de rodadas de licitações". Entretanto, são falsos os complementos das duas frases, por quererem relacionar dependência externa futura com nível de produção futura. Se estivéssemos falando do nível de produção futura da Petrobrás, para a qual o governo brasileiro estabelece as diretrizes, concordaríamos com a afirmação. No entanto, como se está tratando do nível de produção futura de todas as empresas em atividade no país, e como os contratos só garantem o abastecimento a cada mês para o próximo mês, permitindo às empresas estrangeiras exportarem a parcela das suas produções que exceder essa necessidade de 30 dias, a dependência externa de médio e longo prazos não será diminuída e, assim, a frase não será verdadeira.

Passamos a narrar um fato ocorrido para ilustrar o grau de alienação utilizado pela ANP em seus estudos. Recentemente, a CGU, tendo tido acesso ao artigo de um diretor da Aepet, publicado na imprensa, resolveu interpelar a ANP sobre as críticas à realização da sétima rodada de leilões nele citadas. A resposta da ANP foi repassada para a Aepet pela CGU, com o intuito de tranqüilizar o diretor dessa Associação. Como era citado, no artigo, um certo valor para o preço futuro do barril, a carta-resposta da ANP para a CGU discordou do valor citado, respaldando-se em um documento da EIA/DOE do governo americano, que mostra o preço do barril em 2025, com base em vários estudos, todos eles bem comportados, não ultrapassando US$ 31 (em dólares de 2003).

Perante a crise que o mundo já enfrenta, com o petróleo, no momento, oscilando no entorno de um patamar de US$ 60 a US$ 70, ninguém, em sã consciência, poderia considerar ser aquele um valor razoável, e sim valores bem superiores, como já sentem os analistas do mercado. Justifica-se que tais valores, considerados atípicos, decorrem das tensões nas regiões produtoras, o que é quase uma rotina, mas, como sempre, não levam em consideração o crescimento da demanda pela emergência de novas potências regionais, como a Índia e a China, e o limite de produção das jazidas em exploração, praticamente incapazes de superar os volumes ofertados na atualidade.

A "inocência" da ANP, ao se basear em um estudo do Departamento de Energia do governo americano, para nortear as ações do governo brasileiro é tão chocante que nos leva a pensar se não existiria outra motivação. Seria desconhecido da ANP que os Estados Unidos têm e continuarão tendo grande dificuldade para o seu suprimento de petróleo? Não sabe a ANP que muitas das *majors* são empresas norte-americanas que têm refinarias instaladas dentro dos Estados Unidos e não têm muitos campos de petróleo? Desconhece que, por isso tudo, as empresas americanas estão mundo afora buscando conquistar concessões de áreas que permitam trazer o petróleo descoberto para o mercado americano? Seria novidade para a ANP que o governo americano, para efeito de negociações externas, representa os interesses da sociedade e das empresas do seu país? Não sabe que, se o próprio governo americano declarasse os valores mais prováveis do preço futuro do petróleo, estaria dificultando as negociações das suas empresas para conquista de concessões de áreas na Nigéria, no Cazaquistão, no Azerbaijão, na Líbia, no Brasil etc.?

Portanto, se o governo brasileiro quiser proteger a nossa sociedade e não a americana, não pode fazer um estudo de suprimento de petróleo ao Brasil utilizando as projeções do preço do barril do Departamento de Energia americano. Em capítulo anterior, já declaramos que nosso governo deveria realizar um estudo sobre essa projeção, envolvendo o MME, o Itamaraty e a Abin, a ser complementado, depois, por um estudo do MME sobre as opções do Brasil para enfrentar essa escalada inevitável do preço. Mas esses estudos não podem demorar, caso contrário serão atropelados pelos acontecimentos.

Recentemente, o presidente da Petrobrás advogou a tese da atratividade de essa empresa exportar petróleo, chegando a alardear que nos incluiríamos entre os grandes. Como já enfatizamos, repudiamos com veemência esse distorcido viés da política oficial, como argumento que se sobrepõe a outros de qualquer natureza, uma vez que o Brasil não possui reservas provadas do porte das da Arábia Saudita, por exemplo, que são de 264 bilhões de barris e, sendo verdadeira a tese dos autores independentes, de que o pico da produção mundial está sendo atingido e a produção tende, doravante, para um declínio, é uma imprudência o país exportar seu petróleo, pois, assim, contribuirá para a exaustão antecipada das reservas da Petrobrás, que não mais poderá garantir o abastecimento interno, por 17 anos, sem considerar, ainda, que essa projeção se baseia em uma taxa de crescimento do país conservadora e modesta, muito aquém das pretensões de desenvolvimento econômico e social da sociedade brasileira.

Seria muito mais prudente que o referido presidente e sua diretoria buscassem superar a necessidade atual de troca, no mercado internacional, do nosso petróleo, tipo pesado, pelo mesmo volume de óleo tipo leve, por inadequação do processo doméstico de refino. Surpreendentemente, um governo que se apresentou à população e ao mundo como progressista e defensor dos interesses nacionais prossegue com a política perniciosa de alienação das reservas petrolíferas brasileiras e, em meados de 2006, antevéspera da campanha para escolha de um novo Presidente e renovação dos membros do Congresso Nacional, resolve antecipar a oitava rodada de licitações, o que significa maior exportação de nosso petróleo no futuro.

Apesar da esperada alta do preço do petróleo no mercado mundial, os custos de exploração e extração irão subir a taxas bem menores, principalmente devido ao fato de só se encontrar petróleo de maior dificuldade de produção. Dessa maneira, não faz sentido permitir que esse lucro adicional da atividade petrolífera, devido à escassez futura do bem, seja destinado a empresas estrangeiras, em detrimento da sociedade. As empresas privadas nacionais não conseguem ganhar, nos leilões, áreas marítimas, que são as mais promissoras. Essa é outra razão para não se permitir as rodadas de leilões de áreas da ANP, tal como ocorrem, pois elas consistem em transferir valiosos ativos para o exterior quando a Petrobrás não arremata as áreas.

No contexto desse cenário ameaçador, inocente ou propositalmente ignorado pelos setores responsáveis, são freqüentes algumas manifestações "tranqüilizadoras", a serviço de interesses espúrios, afirmando que em 2010 – prazo máximo dado por Campbell e Laherrère para o início da queda da produção mundial –, se constatado que o declínio da oferta mundial do produto realmente ocorreu, os contratos seriam revistos para adequá-los às novas condições do mercado. Os que afirmam tais fatos omitem que os contratos são válidos por 30 anos e não possuem cláusulas que lhes possibilitem revisão ou rescisão, a qualquer época, por iniciativa da ANP, a menos que exista alguma inadimplência contratual por parte do concessionário.

Pela irrefutável crueza dos eventos testemunhados pela humanidade, atualmente, tornou-se mais fácil se falar da existência de um grupo de técnicos que defendem a tese de que o pico da produção mundial de petróleo está próximo. Contrariamente, no período do governo FHC, essa mesma opinião representava, na concepção de algumas renomadas lideranças políticas, a manifestação de uma visão política equivocada e coisas da "teoria da conspiração", buscando denegrir a imagem de inúmeros técnicos competentes e estudiosos isentos dessa relevante matéria.

Naquele período perverso para os interesses nacionais, um artigo intitulado "Uma nova imprevidência à vista" (43) foi dos primeiros a criticar, em detalhes, o novo modelo do setor do petróleo, tendo um dos autores sofrido perseguição pelo delito de emitir opinião divergente da mensagem federal. Outro trabalho crítico, na época negra de predominância da cartilha neoliberal, intitulou-se "Política de petróleo e derivados no Brasil" (44), apresentado no IX Congresso Brasileiro de Energia. Foram corajosos, também, a Aepet, os diversos Sindicatos dos Petroleiros (Sindipetro) do Brasil e a Federação Única dos Petroleiros (FUP), pois sempre estiveram do lado que defende os interesses do povo brasileiro, ao recriminarem as rodadas de licitações da ANP.

Mesmo hoje, em que pese maior conscientização da sociedade e de alguns setores políticos, a luta ainda é desigual, pois muitos daqueles que advogam o benefício social e nacional do monopólio estatal do petróleo no país, por exemplo, são obrigados a desenvolver seus estudos e pesquisas nas horas de lazer, além de enfrentarem grandes dificuldades para a obtenção de informações confiáveis. Não têm, enfim, o suporte e o tempo disponível concedido aos bem remunerados defensores das superadas teses liberais, ainda, incompreensivelmente, incrustados no governo. Uma pergunta fica nas mentes: existiria algum adepto do neoliberalismo se tivessem que gastar suas horas de lazer pela causa e sem remuneração?

É interessante que a lógica do raciocínio neoliberal é completamente invertida. Um técnico trazer argumentos nacionalistas, geopolíticos, estratégicos e de comprometimento social é considerado como algo errado e atrasado. O objetivo único, repetido à exaustão, é fazer crescer o setor, significando que devem existir muitas empresas que atuam, não importando se o petróleo está sendo exportado, não havendo necessidade de planejamento estratégico de abastecimento para o país, não tendo relevância se a atividade gera um lucro extraordinário e que precisa, portanto, pagar muito tributo etc. É recomendada a leitura do nosso artigo "Penas soltas ao vento", sobre esse tópico, constante do Anexo V. Não é entendido, por exemplo, que os contratos assinados pela ANP, em decorrência das rodadas de licitações, permitem uma imensa transferência de recursos da nossa sociedade para o exterior, sem existir grande parcela de tributos sobre eles, a serem utilizados, por exemplo, em programas sociais.

Como ainda prevalece, em alguns políticos, a mentalidade de que os argumentos em defesa dos interesses da sociedade, fora das "ações através dos mercados", representam teses superadas e retrógradas, coisas de teóricos de esquerda, que têm predileção em falar sobre subdesenvolvimento, consideramos oportuno lembrar que, na Noruega, com o lucro excepcional gerado pela atividade petrolífera, em suas jazidas do mar do Norte, em parte conseguido pela estatal petrolífera Statoil, foi criado um fundo do petróleo. O uso desse fundo foi planejado para garantir melhor qualidade de vida para os noruegueses, no presente e futuro, sendo os recursos auferidos muito utilizados no apoio ao desenvolvimento científico e tecnológico de qualquer setor, inclusive o de petróleo, mas também são aplicados em qualquer outra área, como saúde, educação, habitação e cultura.

Para ser absorvido o pensamento neoliberal no setor de petróleo, consultores neoliberais de diversas especialidades foram contratados pela ANP, no início da constituição dessa Agência, para que suas visões fossem passadas para os técnicos. Alguns cursos e pesquisas em universidades, que disseminam o liberalismo no setor do petróleo, ainda são subsidiados com dinheiro público do fundo setorial de ciência e tecnologia ligado ao petróleo (CTPETRO), o que pode ser admitido como correto, uma vez que a universidade é o local do *livre pensar*. No entanto, o incorreto é esse mesmo pensamento livre não ocorrer na outra direção, pois se for comparado o número de artigos, monografias e teses, financiadas com recursos do CTPETRO sobre o novo modelo de exploração e produção de petróleo do Brasil, com o número de documentos análogos de avaliação da atratividade para a sociedade brasileira do modelo do monopólio estatal socialmente controlado, ver-se-á que o primeiro número é bem superior que o segundo, até porque não existe nenhuma pesquisa identificada sobre o segundo tema, existindo forte tendência em favor do estudo da visão neoliberal. Também não é válido os recursos do CTPETRO serem entregues a empresa estrangeira para que esta realize desenvolvimento tecnológico, mesmo ele ocorrendo no Brasil, se sua matriz tem muitos recursos para tal.

De modo bem contrastante, não existe estudo do MME ou da ANP, divulgado publicamente, explicando, com relação às rodadas de licitações, o interesse para a sociedade de que sejam fechados contratos válidos por 30 anos, se não se dispõe, ao menos, de um planejamento para o futuro. Como a economia nacional irá reagir ao novo preço do petróleo esperado por todos, exceto pelos incautos? Essa pergunta tem sentido porque o modelo em prática internaliza o preço do petróleo do mercado mundial. Não existem alternativas para barateamento do preço do barril para o suprimento interno, em relação à cotação internacional, porque, pelo modelo estabelecido, a produção interna pode aumentar à vontade que o preço interno não irá cair, ou seja, o mercado brasileiro está inserido no mercado mundial, que é quem dita o preço.

Repetindo, por ser importante, o fato de outras empresas produzirem petróleo no país não barateia um centavo de dólar o preço do barril aqui produzido. Uma maior produção interna irá significar, simplesmente, que passamos a ser exportadores de petróleo. Assim, a tão apregoada virtude da concorrência que serviria para baratear preços não funciona no modelo de organização do setor, criado com a Lei nº 9.478. O Brasil quer ser exportador de petróleo para, poucos anos depois, passar a ser importador?

Em contraposição à tese da liberalização do setor de petróleo nacional, já aplicada, o país poderá planejar o suprimento ao mercado interno, para os próximos 17 anos, de forma garantida, com um sistema fechado, usufruindo o fato de possuir petróleo no próprio território. Assim procedendo, os derivados serão entregues ao setor produtivo e para o consumo direto, por um preço abaixo do internacional, proporcionando alto grau de satisfação para a sociedade e gerando uma vantagem comparativa dos seus produtos e serviços no mercado externo. Para que se torne possível ocorrer isso, há necessidade, primeiro, de se paralisar as rodadas de licitações de áreas de petróleo e, depois, de se reformar a Lei nº 9.478, basicamente, proibindo a exportação do petróleo nacional. Durante esse período de 17 anos, com a auto-suficiência assegurada, as fontes alternativas estariam sendo aperfeiçoadas, viabilizando a substituição futura de boa parcela do petróleo no suprimento energético nacional.

Freqüentemente, as comparações feitas entre o modelo atual de organização do setor de petróleo e o do monopólio estatal, que esteve vigente até 1997, são tendenciosas, porque os autores das comparações não querem elucidar os leitores e desejam só ganhar a aprovação das suas teses, utilizando até argumentos imprecisos ou incorretos. Não negamos ser humana a atitude de querer influir, de maneira interesseira, na formação da opinião do próximo; entretanto, não se constrói uma paz duradoura quando se atua criando confusão na mente alheia, para se conseguir aceitação, pois, tempos depois, a trama será descoberta e a frustração será imensa.

Para ser feita a comparação corretamente, é necessário usar os efeitos devido às características de um e outro modelo, que são diferentes entre si, bem como excluir os efeitos idênticos, de características comuns de ambos modelos. Pode-se definir esse processo como a comparação entre o diferencial de resultados das alternativas, ficando as condicionantes comuns fora da comparação, o que é definido pela expressão *seateris paribus*, ou seja, tudo mais permanecendo constante. Uma comparação desse tipo irá requerer levantamento de dados, dedicação em tempo integral, por longo período, podendo ser um trabalho para um pós-graduando.

Para mostrar como os dados da ANP são freqüentemente apresentados de forma imprecisa, vamos tomar como exemplo a notícia veiculada no *Globo on-line*, em 30 de março de 2004, dizendo que, graças às rodadas de licitações levadas a cabo até aquela data, as empresas vencedoras deixarariam US$ 20,3 bilhões no Brasil de 2003 até 2007. Como primeira observação, uma expressiva parcela desses investimentos (US$ 17,8 bilhões) é aplicada em desenvolvimento e produção de campos já identificados, conseqüência de descobertas da Petrobrás anteriores a 1999, não resultando, portanto, das rodadas de licitações da ANP. A rodada zero, que significou o reconhecimento de todas as áreas em que a Petrobrás já trabalhava, não pode ser considerada como atuação do novo modelo.

Como segunda observação, se o modelo que trouxe as rodadas de licitações não tivesse sido instituído, o modelo do monopólio estatal continuaria existindo e investimentos em exploração continuariam sendo realizados pela Petrobrás. Vale lembrar, que essas duas formas de investir não fazem parte da condição *seateris paribus*. Assim, como não foram mostrados os resultados diferenciais das duas alternativas, é impossível concluir, por essa notícia, se a mudança no setor foi boa ou ruim.

Por tudo que foi argumentado até esse ponto, somos levados a considerar que o monopólio estatal do petróleo, cuja executora é a Petrobrás, ainda é a melhor opção para a sociedade brasileira. No entanto, devido às injunções políticas e à desinformação da sociedade, já que lhe são negados argumentos e informações, como as aqui contidas, e como precisamos estancar rapidamente os danos que estão sendo causados ao Brasil, sugerimos, em um primeiro momento, a reforma imediata da Lei nº 9.478, para que seja proibida a exportação do petróleo nacional e só a Petrobrás possa operar na nossa plataforma continental, por questão de segurança nacional, entre outras razões.

Alega-se, atualmente, em defesa da mudança ocorrida no passado que, hoje, a Petrobrás é uma empresa mais competitiva, graças à mudança. Esquecem que ela pertence ao Estado, que poderia tê-la transformado em mais competitiva, empresarialmente, sem ter sido necessário quebrar o monopólio, bastando ser assinado, por exemplo, um contrato de gestão em que as melhorias de produtividade seriam bem amarradas com os gestores. A verdade é que não queriam aprimorá-la; queriam, sim, mudar o modelo.

Com essas considerações, acabamos por propor um modelo alternativo de organização do setor de petróleo que, por sinal, não é tão novo. No entanto, vamos continuar analisando o modelo implantado com a Lei nº 9.478. Os parâmetros dos contratos de concessão fechados após as licitações e relacionados com os direitos e deveres do concessionário, como os *royalties*, as participações especiais e o pagamento pela ocupação ou retenção de área, por exemplo, foram definidos em 1999, época da primeira rodada, quando o barril custava US$ 13. Por que os parâmetros permaneceram, basicamente, os mesmos para todas as rodadas seguintes? Com o aumento do preço do barril, poderiam ser aumentados os valores desses parâmetros, respeitados, apenas, os contratos já assinados, os quais devem permanecer constantes por 30 anos, a menos que as partes concordem em fazer mudanças. Não se deseja quebra de contratos na área de petróleo, em que pese já terem ocorrido no mundo, sob a alegação de que a elite econômica do país prejudicou o conjunto da população ao assinar contratos draconianos.

Com relação, exatamente, às participações governamentais, quais sejam, bônus de assinatura, *royalties*, participações especiais e pagamento pela ocupação ou retenção de área, elas correspondem, desde a primeira rodada, a 45% da receita líquida da produção, o que é muito pouco quando comparado com a média mundial, em torno de 65%, ou aos valores da Venezuela, Colômbia e Noruega, que cobram mais de 80%, como pode ser observado na tabela mostrada a seguir, construída com as informações da revista *Ciência Hoje* (45) da Sociedade Brasileira para o Progresso da Ciência (SBPC).

Esse setor pode ser taxado substancialmente, pois os lucros nele obtidos são excepcionais. Assim, a única resposta plausível à indagação sobre o porquê de o país, sendo tão carente de recursos, abrir mão de tão acessível fonte de recursos é que, na fixação dos percentuais de cobrança dessas participações, os responsáveis quiseram deixar muitos recursos com as empresas petrolíferas.

Participações governamentais em diversos países e regiões

Países ou regiões	**Em % da receita líquida da produção de petróleo e gás natural**
Venezuela (G. Piche)	94
Colômbia (modelo básico)	89
Média países exportadores	85
Noruega	84
USA (Louisiana Onshore)	66
Média mundial	66
Peru (Camisea)	66
Bolívia	60
Equador (Triton)	58
Média Brasil	46
Média países importadores	45
USA (Onshore Federal)	45
Golfo do México	42
Argentina	40

Observação: os valores numéricos foram estimados com base no gráfico existente na publicação mencionada.

No caso da Petrobrás, como cerca de 60% das ações da empresa está na mão de particulares, dois terços dos quais - cerca de 40% - estão com estrangeiros, pois as ações foram negociadas na Bolsa de Nova York, quanto mais lucro ela render, mais dividendos serão entregues aos acionistas, resultando em uma boa parcela fluindo para fora do Brasil.

Já foi citado que os contratos de concessão, assinados entre a ANP e as empresas ganhadoras das licitações, não têm cláusulas que garantam o abastecimento do país, no médio prazo, supondo a hipótese de eventual aumento da produção de petróleo por parte das empresas privadas e a um decréscimo da produção da Petrobrás.

O petróleo descoberto por um concessionário pertence a ele e, só em caso de emergência nacional, como já foi citado, uma parcela mínima desse petróleo pode ser obrigada a permanecer no país. Ainda nessa situação, ela terá de ser comercializada a preços internacionais, o que só garantirá ao país a economia do não-pagamento do transporte dessa parcela de petróleo do exterior para o Brasil. Daí resulta ser insignificante a vantagem para a sociedade brasileira, além da arrecadação irrisória de impostos, de um concessionário estrangeiro descobrir petróleo aqui, perdendo o país seu precioso e escasso energético.

Sobre tão importante posicionamento e conceituação política, capaz de influir até no aspecto da soberania nacional, o insigne e competente engenheiro, Lamartine Navarro Junior[47] (46), em artigo escrito em 2000, tratando das mesmas questões suscitadas no presente trabalho, já afirmava, de forma clara e sedimentada em seus estudos no campo da energia, que

> Está fazendo falta uma matriz energética atualizada para balizar nossas ações nos setores produtores de energia. Preocupa-me o modelo de contrato utilizado para concessões de exploração de petróleo, por ter sido pouco discutido com a sociedade e pela forma vaga e genérica com que foi tratado o controle do declínio dos reservatórios. [...] Preocupam-me os parâmetros rígidos para os níveis de extração de forma a garantir nossas reservas. Quero evitar que ocorra no Brasil o que está acontecendo na Venezuela, no México e na Argentina, onde praticamente a metade do petróleo existente já foi extraído e consumido em outros países.

47. Engenheiro já falecido e ex-membro da Comissão Nacional de Energia (governos Figueiredo e Sarney).

> Pelo menos nesse aspecto, o monopólio foi benéfico, já que o óleo que extraímos até hoje foi consumido aqui.

Nenhuma dessas questões foi debatida no Congresso Nacional, nem com a sociedade, causando-nos espanto o livre pensar, característico da Universidade, não ter questionado, com raras exceções, o modelo imposto ao país. Sob o ponto de vista político, a mudança do modelo de organização do setor de petróleo foi muito bem arquitetada, pois todos os grupos que poderiam oferecer resistência foram contemplados com compensações, nas quais a ética cedeu lugar aos interesses menores.

Em paralelo à mudança do modelo, mas ainda dentro da Lei nº 9.478, foi criado um novo arcabouço de impostos e taxas que penalizou os produtores de petróleo e beneficiou a União, os Estados da Federação e os Municípios, além de universidades, institutos e empresas que fazem pesquisa. Desse modo, muitos políticos e o mundo acadêmico sentiram-se prestigiados com o novo modelo, deixando de atentar para as conseqüências de médio prazo e os interesses maiores da nacionalidade. Adicionalmente, os pretensos beneficiários não consideraram que uma lei pode ser criada para mudar a estrutura de impostos e taxas, gerando os mesmos recursos, sem que fosse necessário modificar o modelo de organização do setor ou, dito de outra forma, para arrecadar mais e distribuir por esses beneficiários, o monopólio estatal não precisava ser extinto.

Outra jogada de mestre dos que preconizavam o novo modelo para o setor foi terem demonstrado interesse em maximizar as compras no país, pelas empresas petrolíferas, no planejamento e execução de seus investimentos. Seria um ato realmente meritório, se fosse verdadeiro. Tais administradores sabiam que as empresas estrangeiras, ganhadoras de áreas, não queriam testar fornecedores locais, a maioria desconhecida para elas, mesmo em igualdade de preços, sob o argumento de que, apesar de serem tecnológica e industrialmente capacitados, tais fornecedores poderiam entregar as encomendas fora dos prazos e das especificações. Além disso, muitos dos fornecedores tradicionais, do mercado internacional, têm interesses econômicos comuns com essas petrolíferas estrangeiras.

Diante desses fatos, sobejamente conhecidos, que foram protagonizados até pela própria Petrobrás, em ocasiões passadas, movida por manobras pouco elogiáveis de membros da direção, os administradores do novo modelo, para aparentar terem interesse na maximização das compras locais, fixaram as condicionantes de um problema insolúvel:

> (1) era proibido colocar um valor alto para o percentual mínimo dessas compras, senão estaria sendo criada, segundo eles, uma reserva de mercado;
> (2) deveria ser premiada a empresa que, espontaneamente, se comprometesse a comprar muito no país, dando a ela pontos para a classificação no leilão;
> (3) a multa pelo não-cumprimento do que for declarado espontaneamente de compras locais não deveria ser alta, senão as empresas teriam medo de aderirem ao incentivo; e
> (4) ao mesmo tempo, a multa não deveria ser baixa, senão o empresariado iria declarar comprar no país o que, na verdade, não vai comprar, só para se posicionar melhor no leilão.

Como exemplo adequado para ilustrar melhores caminhos aos dirigentes locais, o que ocorreu, quando foi descoberto petróleo no mar do Norte, merece ser analisado. No momento da descoberta, praticamente não existia sequer um parque industrial na Grã-Bretanha que pudesse suprir os equipamentos e serviços necessários para o setor petrolífero. O governo inglês criou o órgão *Offshore Supply Office* (OSO) com a finalidade de aumentar as compras locais e, de imediato, esse órgão buscou capacitar grupos empresariais para fornecerem os equipamentos e serviços necessários, obrigando, pouco tempo depois, as empresas de petróleo a comprarem localmente. Antes da licitação de uma área, os concorrentes eram avisados sobre quais equipamentos e serviços deveriam ser comprados no país. Esse é um exemplo para os liberais nacionais, talvez mais motivados por interesses outros que não os ideológicos, já que a Inglaterra, sendo o local do recente renascimento do liberalismo, impôs compras no país e não achou errado criar reserva de mercado para suas empresas.

Contrariamente, no Brasil, os notáveis que dominam o setor, desde 1995, acham que não se pode colocar um limite mínimo para a compra local de todo empreendimento, como, por exemplo, de 60% para campos marítimos, porque, segundo eles, se criaria uma reserva de mercado, ao mesmo tempo que se dizem estarrecidos ao receberem proposta de empresa estrangeira para arrematar área, com promessa de compra local de 5% do total dos investimentos no empreendimento. Só faz sentido esse método de indução das compras locais através do comprometimento de um valor médio para o empreendimento, prometido de maneira espontânea, se existir a apuração dos resultados, o que é bastante complexo. Dessa forma, o sistema que foi utilizado pelo OSO e que se mostrou bastante eficiente é bem mais simples, bastando existirem comunicados às empresas, antes das licitações de áreas e como parte integrante dos editais, da lista de bens e serviços a serem comprados no país, sob pena de perda da concessão.

Enfim, com as compras locais, fingiu-se estar se tendo uma posição nacionalista, quando, na verdade, sabia-se que, com as premissas criadas, o problema era insolúvel. A comprovação do fracasso da iniciativa descrita foi dada pelo vice-presidente executivo da Associação Brasileira da Infra-Estrutura e Indústrias de

Base (ABDIB), em entrevista para um canal de televisão, em dezembro de 2005, quando falava sobre os investimentos do setor de petróleo, ao afirmar que, excetuando a Petrobrás, que compra muito no país, as empresas estrangeiras, decorridas algumas rodadas de licitações, não estão comprando o que o parque industrial brasileiro está pronto para fornecer.

As compras no país, nos investimentos da exploração de blocos marítimos e do desenvolvimento de campos marítimos realizados pela Petrobrás, na época do monopólio, eram de cerca de 85% desses investimentos. Assim, considerando-se o tamanho da economia brasileira e a diversificação da nossa indústria e do nosso setor de serviços, o que está sendo prometido comprar aqui pelas empresas estrangeiras é pouco, bastando olhar as promessas nos resultados das licitações. O presidente da República tem demonstrado interesse em que as compras locais, realizadas pela Petrobrás, sejam as maiores possíveis, o que é muito louvável. Infelizmente, no entanto, o mesmo interesse não tem sido demonstrado, pela equipe governamental, com as compras das empresas estrangeiras.

Complementarmente, a direção da ANP mostrou-se, em algumas situações, despreparada para administrar a política de compras locais, e não é por outra razão que existiram tantas mudanças nas correspondentes cláusulas do edital de uma rodada para a seguinte. Merece ser analisado o caso do bloco situado na Bacia de Campos, chamado de C-M-61 e leiloado na sexta rodada de licitações, que era julgado pelos especialistas como bastante promissor. Foi arrematado pelo consórcio liderado pela empresa americana Devon Energy Corporation, em companhia das empresas Kerr-McGee Corporation e SK Corporation, tendo esse consórcio pago um valor de bônus menor que o valor ofertado pelo consórcio liderado pela Petrobrás. O consórcio da Devon ganhou o bloco devido ao fato da sua nota final no leilão ter sido muito influenciada por uma promessa de compras locais elevada, apesar de, sabidamente, inatingível. A ANP definiu no edital dessa rodada que o peso do critério de julgamento, devido às compras locais, na nota final, seria muito alto e a multa por não-cumprimento da promessa de compras locais seria muito baixa, combinação essa de definições que explica a atitude do consórcio da Devon.

Vale a pena também descrever, sucintamente, a experiência norueguesa no setor de petróleo, após a descoberta de jazidas no mar do Norte. As reservas descobertas dariam para abastecer o país por mais de cem anos, o que os levou a quererem exportar petróleo. Precisavam de recursos adicionais para os investimentos, pois a sua empresa estatal, a Statoil, não conseguiria realizá-los sozinha. Como o arcabouço institucional do país permitia, algumas áreas eram entregues diretamente à Statoil, sem licitação, e com relação a muitas outras áreas eram licitadas somente as participações que as empresas privadas teriam nos empreendimentos, junto com a Statoil, participações essas que poderiam ser majoritárias ou minoritárias. Em todos esses casos, a Statoil ficava como responsável pelas compras.

No Brasil, se uma proposta de revisão do ordenamento jurídico-institucional fosse colocada em discussão, para permitir algo similar, utilizando-se a Petrobrás, como ocorreu com a Statoil, certamente não iria vingar, porque grande parte da mídia e muitos setores políticos, estando comprometidos com outros interesses que não os da sociedade, iriam ser contra e os autores da proposta, tachados de antiquados, não adaptados à modernidade etc. Essa questão das compras locais é analisada em artigo de nossa autoria, intitulado "Convite ao diálogo", que compõe o Anexo VI.

Ainda sobre as jogadas de mestre dos neoliberais que dominam o setor, vale lembrar que, durante o julgamento pelo STF da Ação Direta de Inconstitucionalidade (ADI) da Lei nº 9.478, deram a entender aos prefeitos e aos governadores que as arrecadações de Municípios e Estados iriam diminuir, na hipótese de a lei "vir a cair". Foi dito dessa forma, propositalmente, sem que existisse a hipótese de a lei ser anulada no seu todo, porque a constitucionalidade que estava sendo questionada era a de seus artigos, que contrariavam o monopólio estatal, sendo que todos que tratavam da taxação não eram questionados. De qualquer maneira, com monopólio ou não, a arrecadação continuaria a mesma, pois o imposto relativo à produção de petróleo, até hoje, tem sido pago, praticamente, só pela Petrobrás.

Esse jogo de lançamento de informações dúbias, freqüentemente utilizado, confunde as pessoas e instituições, como, por exemplo, o argumento do advogado do Instituto Brasileiro do Petróleo (IBP), que representa principalmente os interesses das empresas estrangeiras sediadas no Brasil, ao apresentar a defesa da constitucionalidade da Lei nº 9.478: "o setor de petróleo correspondia a 2% do PIB em 1997, quando a referida lei foi promulgada e, em 2002, a participação já era de 6,8%". Obviamente, essa frase leva o leigo a entender que o crescimento da participação no PIB foi um reflexo da referida lei. Ocorre que, em primeiro lugar, todos os acréscimos de produção, entre 1997 e 2002, foram realizações da Petrobrás e graças a descobertas ocorridas durante o período do monopólio. Outrossim, o preço do barril aumentou acima da inflação brasileira, entre 1997 e 2002, o que faz aumentar a participação do setor de petróleo no PIB, mesmo que não ocorresse aumento de produção.

Causa espécie a não-existência de um relatório público do MME ou da ANP, dizendo o quanto de petróleo e gás natural foi descoberto e o quanto foi investido em exploração e em desenvolvimento, nas áreas concedidas através das sete rodadas promovidas pela ANP, discriminando os valores por empresas privadas estrangeiras, empresas privadas nacionais e a Petrobrás. Esse relatório poderia explicar, também, não só a freqüência anual das rodadas de licitações, mas, também, o tamanho da área disponibilizada para concessão por licitação, concluindo sobre as motivações existentes para os leilões.

O governo FHC conseguiu aprovar a Emenda Constitucional nº 9 utilizando um estratagema para que não reconhecessem, de imediato, que o intuito era acabar com o monopólio estatal do petróleo, já que, em algum momento, os mais atentos iriam perceber essa extinção, mas isso deveria ocorrer bem mais no futuro. Tudo isso porque o presidente FHC tinha receio de sofrer grande baque na popularidade, pois ele não sabia qual seria a reação do povo brasileiro à perda de suas empresas maiores e símbolos de brasilidade.

Surgiu, então, a versão oficial, dizendo que o monopólio seria somente flexibilizado, não seria extinto. As pessoas que trabalhavam no setor e as interessadas na questão logo compreenderam o estratagema. Na verdade, monopólio existe ou não existe, sendo o "monopólio flexibilizado" somente um eufemismo, para não se dizer que era desejada sua extinção. Tinha-se medo dos que ainda guardavam na memória reminiscências da campanha *O Petróleo É Nosso*, de grande entusiasmo cívico.

A principal mudança de redação do artigo 177 da Constituição, que significou o monopólio estar "flexibilizado", consistiu da alteração do parágrafo primeiro, que passou a ser: "A União poderá contratar com empresas estatais ou privadas a realização das atividades previstas nos incisos I a IV deste artigo observadas as condições estabelecidas em lei". Em primeiro lugar, é necessário explicar que "as atividades previstas nos incisos I a IV deste artigo" são todas as que fazem parte do monopólio, isto é, a pesquisa e a lavra, o refino, a importação e a exportação, bem como o transporte de gás natural, petróleo e derivados.

Analisando essa mudança, segundo alguns juristas, o ato da União de contratar empresas estatais ou privadas, para realização das atividades do monopólio, não significa a perda da propriedade e da posse do petróleo produzido. Portanto, os mesmos juristas interpretam que o artigo 177, mesmo após ser emendado, ainda preserva o monopólio estatal. Já a Lei nº 9.478, elaborada depois da citada emenda constitucional, não deixa margem para dúvida, pois para ela a propriedade e a posse do petróleo são das empresas estatais ou privadas que o produziram e, desse modo, a citada lei estaria contrariando a Constituição. Torna-se, assim, bastante claro que, se era para ser uma mudança que acabasse, na prática, com o monopólio, sem o acabar com ele "na fachada", tinha que ser algo muito dúbio mesmo, gerando as conseqüentes interpretações contraditórias na esfera jurídica.

Muitos sindicalistas, diretores e associados da Aepet, enfim, pessoas atentas à questão do petróleo, queriam questionar a constitucionalidade da citada Lei junto ao Supremo Tribunal Federal, fórum correto para dirimir essas dúvidas, segundo a própria Constituição. No entanto, só as autoridades e os organismos citados no artigo 103 desta Carta, dentre os quais estão os governadores de Estados, é que poderiam propor tal questionamento. Portanto, o governador Roberto Requião, homem de grande envergadura moral, nacionalista e com compromisso social, tão logo compreendeu o desserviço que a Lei nº 9.478 estava causando à sociedade brasileira e ao país, decidiu abraçar a causa, tendo interposto uma ADI junto ao Supremo.

Os argumentos utilizados nessa ADI foram os mesmos aqui explicados e constantes do artigo "Data vênia", de nossa autoria, que compõe o Anexo VII. Também o artigo "Sexta licitação: erro estratégico no setor petróleo" (47), divulgado pouco antes da colocação da ADI, promoveu debates e saudável repercussão no meio político e intelectual. Nessa mesma época, manifestou-se sobre tão importante tema o professor Fábio Konder Comparato, renomado jurista, que escreveu em artigo (48):

> Em 1997, Fernando Henrique Cardoso, não ousando ou não podendo suprimir da Constituição o monopólio estatal do petróleo, conseguiu arrancar do Congresso a Lei nº 9.478, que facultou a apropriação por empresas privadas, inclusive estrangeiras, do petróleo extraído do nosso território. Agora, quando o mundo todo se acha conflagrado na perspectiva do esgotamento dessa fonte de energia em futuro próximo, o governo federal decide dar prosseguimento à política perdidamente inconstitucional de entrega de áreas de lavra de petróleo a empresas privadas, inclusive estrangeiras, garantindo-lhes a plena propriedade do produto a ser extraído.

Em outro artigo (49), o mesmo professor Comparato, depois de mostrar que a referida Lei é inconstitucional, declara:

> Ora, a disponibilidade de petróleo é hoje, como ninguém ignora, questão altamente estratégica, pois a disputa pelo acesso a essa fonte de energia, cuja escassez começará a se fazer sentir dentro de poucas décadas, acha-se no centro de uma verdadeira conflagração mundial, gerando guerras e golpes de Estado em várias partes do globo. Ao disputarem o acesso a essa fonte de poder, quando localizada em território estrangeiro, as grandes potências não hesitam em lançar mão de todos os meios, do suborno de chefes de Estado à invasão armada.

A seguir, ele conclui:

> É nessa perspectiva global que deve ser interpretado o monopólio instituído pela Constituição nessa matéria. Soberania é poder. E poder não se abandona nem se vende. O petróleo, na verdade, não pertence à União. Pertence à nação brasileira. Seria um escárnio que as autoridades federais, a quem compete primaria-

> mente a defesa da nossa soberania, tivessem, por razões rasteiramente financeiras, a licença de leiloar o patrimônio da nação.

No julgamento da ADI, apesar dos dois primeiros votos, proferidos pelos ministros do Supremo, Carlos Ayres Britto e Marco Aurélio Mello, terem sido magistralmente fundamentados, o Plenário decidiu, por maioria, considerar a Lei constitucional. Os dois votos históricos, peças importantes de saber jurídico e de nacionalidade, estão nos anais do STF e na página da Aepet, na internet,[48] merecendo acurada leitura.

Mais uma vez enfocando, conceitualmente, esse tema, é importante lembrar que, em 2005, no Brasil, existiam duas empresas, a Petrobrás e a Shell, que detiveram a propriedade do petróleo por elas produzido, fazendo dele o que bem quiseram, tendo a Shell inclusive optado por exportar sua produção. A pergunta óbvia, que passa por muitas cabeças, é: ainda existe o monopólio estatal previsto no artigo 177? Se essa situação corresponder a um monopólio, todos os livros de economia estão errados e precisam ser corrigidos, porque, neles, está escrito que, em uma situação de monopólio, só uma empresa possui e comercializa o bem monopolizado. Sobre esse tema, recomendamos a leitura do nosso artigo intitulado "Chorar o petróleo derramado", que faz parte do Anexo VIII, no qual alguns argumentos de ministros do Supremo, durante o julgamento da ADI, são analisados.

Além disso, as rodadas de licitações não atendem ao conjunto da legislação vigente, pois o artigo 3º do Decreto nº 2.455, de 14 de janeiro de 1998, diz que: "Na execução de suas atividades, a ANP observará os seguintes princípios: I – satisfação da demanda atual da sociedade, sem comprometer o atendimento da demanda das futuras gerações; [...]". Qualquer pessoa possuidora de um mínimo grau de lucidez e honestidade concluirá que as sete rodadas promovidas pela Agência, nos últimos sete anos,

48. Disponível em www.aepet.org.br.

não atenderam ao que determina o referido artigo, na medida em que as empresas estrangeiras vão exportar o petróleo por elas descoberto, exaurindo, precocemente, nossas reservas e, em conseqüência, comprometendo o suprimento nacional em futuro próximo.

Por ocasião de debates sobre essa questão, sempre é lembrado, como vantajoso, que o país arrecadou de bônus cerca de três bilhões e duzentos e sessenta milhões de reais, com as sete rodadas de licitações. Contra-argumentamos ser pouquíssimo, pois corresponde somente a 0,5% do lucro líquido do petróleo que será descoberto, supondo a pior das hipóteses de descobertas.

Por outro lado, de acordo com as expectativas de Campbell e Laherrère, citadas anteriormente, de hoje a 2010, no máximo, a produção mundial de petróleo poderá estar mais baixa que a atual, e a demanda mundial estará, certamente, mais alta. Uma vez que uma desejável economia de petróleo não ocorrerá instantaneamente, não se prevê uma grande recessão e muitos países emergentes necessitam atender às suas crescentes demandas de energia, símbolo do progresso. Como conseqüência, o preço do barril estará muito alto, significando a obtenção de lucros extraordinários na produção de petróleo, os quais, no caso das empresas estrangeiras aqui instaladas, não ficarão no país. Assim, além da questão do suprimento de recurso estratégico para o desenvolvimento nacional, está-se também permitindo a evasão de divisas e a riqueza do país.

Com base em cálculos rápidos, pode ser esperado que, nas áreas concedidas por meio dos leilões da ANP, em que há participação estrangeira, quer seja majoritária ou minoritária, sejam encontradas reservas economicamente recuperáveis, representando, na pior das hipóteses, um lucro para essas empresas de US$ 150 bilhões, a preços atuais, durante a vida útil dos campos, dinheiro esse que será remetido para o exterior. A sociedade brasileira foi convidada a opinar e concordou com essa evasão de riqueza? A Petrobrás atrapalhou bastante o objetivo dos estrategistas da entrega do petróleo nacional, ao conseguir arrematar, sozinha ou em consórcios, um razoável número de blocos, dentre os concedidos nas sete rodadas.

Como existem empresas privadas nacionais arrematando áreas nos leilões, tem sido usado o argumento de que, com o término do monopólio, não houve interesse em desnacionalizar o setor do petróleo, mas interesse em trazer competição para o setor. Como já vimos anteriormente, essa competição não acontece, pois se trata de um setor inserido no mercado internacional, onde a demanda está acima da oferta. Por outro lado, é verdade que algumas empresas privadas nacionais estão arrematando algumas áreas terrestres ou, mesmo, participando como membros minoritários dos consórcios vitoriosos no arremate de áreas marítimas, o que é bastante alvissareiro. No entanto, é omitido, propositadamente, que as empresas nacionais, exceto a Petrobrás, não conseguirão ser líderes em consórcios para exploração de petróleo em águas profundas, bastando ver quem está ganhando as concessões dessas áreas.

Adicionalmente, com a reforma da Constituição de 1988, acabaram com o privilégio que era dado às empresas genuinamente nacionais, ou seja, aquelas nacionais de capital nacional, em detrimento das subsidiárias de empresas estrangeiras sediadas no país, igualando todas como empresa brasileira. O privilégio citado era socialmente interessante, uma vez que os impactos positivos causados na sociedade pela empresa genuinamente nacional são bem superiores aos que são causados pela subsidiária estrangeira. Como exemplo de impacto negativo das subsidiárias estrangeiras, citamos que o fluxo de caixa de longo prazo das entradas e saídas de recursos no país, dessas empresas, terá sempre um total de saídas maior que o total de entradas, considerando a entrada de investimentos, a remessa de lucros, dividendos e outras formas de transferência, mesmo que os valores sejam descontados com taxas de mercado. Não existe nada de errado nisso, pois elas seguem, simplesmente, a regra do capitalismo, querendo ter o maior lucro possível.

O malefício maior, como já tratado anteriormente, é as subsidiárias estrangeiras terem os mesmos direitos que as empresas nacionais, com acesso, por exemplo, aos financiamentos do BNDES, gestor principal da poupança doméstica. Assim, as empresas petrolíferas privadas, genuinamente nacionais, terão pouco espaço para crescer, tendendo a ser eternamente pequenas, consolidando uma assimetria que bem demonstra, entre outros fatores, como houve interesse, sim, em desnacionalizar o setor de petróleo do Brasil, com o término do monopólio.

Por outro lado, a tendência mundial no setor de petróleo tem sido a de ocorrerem fusões, incorporações e acordos de atuação conjunta por parte das empresas, formando-se megaempresas, bastando ver os novos grupamentos existentes hoje, resultantes de aglutinações de empresas do passado, quais sejam: primeiro grupo – BP, Amoco e Arco; segundo grupo – Exxon e Móbil; terceiro grupo – Chevron e Texaco; quarto grupo – Total, Petrofina e Elf; e quinto grupo – YPF e Repsol.

Enquanto isso, no país, até bem pouco tempo, procuravam enfraquecer a nossa empresa petrolífera estatal, um exemplo de sucesso, certamente para, depois de enfraquecida, fazê-la sucumbir na competição com as gigantes mundiais. O governo de então, ao não apoiar a Petrobrás, estava andando na contramão da história, pois mesmo nos Estados Unidos, atualmente, as autoridades reguladoras da concorrência têm partido do princípio de que é melhor para o país ter grandes empresas, mesmo com o domínio do mercado interno, desde que se comprometam a não abusar desse domínio e venham a competir, com melhores condições, no mercado externo, do que o estabelecimento de uma predatória competição dentro do país, com o enfraquecimento da indústria nacional.

A única explicação plausível para o governo anterior querer enfraquecer a Petrobrás era o preparo para sua privatização futura, o que significaria a desnacionalização completa do setor. Buscariam estratagemas de marketing para diminuir a importância dessa empresa perante a sociedade, visando ser possível transferir, pouco a pouco, os seus ativos para o setor privado, pois, provavelmente, cada unidade de negócio sua seria vendida em separado, pretendendo eles que tudo ocorresse sem reações indignadas e contestações por parte da população. Nesse ponto, o governo Lula é digno de mérito, pois foram espantados os fantasmas das privatizações da Petrobrás, Furnas, Banco do Brasil e outras estatais estratégicas para o desenvolvimento nacional.

Os empedernidos defensores da entrega do nosso petróleo ainda alegam que vão ser gerados emprego e renda no país por intermédio das concessões às empresas estrangeiras, o que as tornaria atrativas para a sociedade. Mesmo gerando emprego e renda, um projeto no seu todo pode ser prejudicial à sociedade, se existirem, nele, fortes aspectos negativos. Outrossim, no caso em pauta, à medida que muitas das compras dessas empresas não estão ocorrendo no Brasil, há evasão do lucro e a taxação é diminuta, e o benefício da renda é minimizado. Ademais, em muitas das empresas estrangeiras, existem técnicos estrangeiros trabalhando e desempregando técnicos nacionais.

Por tudo que foi exposto, a única explicação lógica para as rodadas de leilões estarem ocorrendo com a grandeza e o açodamento existentes deve-se à determinação imposta ao país pelas grandes potências e empresas petrolíferas estrangeiras, diretamente ou através de seus prepostos, o FMI e o Banco Mundial. Hoje, o petróleo da Petrobrás é nosso, do povo brasileiro. Entretanto, aquele que as multinacionais já descobriram e o que, provavelmente, irão descobrir não será para nosso usufruto. Qualquer pessoa que tenha um mínimo de isenção política concorda com a seriedade desses fatos e, portanto, visando parar essa sangria do petróleo nacional, a sociedade precisaria clamar para que ocorra a suspensão de qualquer nova rodada de licitações da ANP e haja correção dos erros cometidos no passado, implicando, necessariamente, um embate jurídico, político e diplomático, a ser empreendido pelas verdadeiras lideranças do país.

É oportuno lembrar, também, o que é descrito, hoje, como "missão da Petrobrás", resultado do seu planejamento estratégico concluído em maio de 2004,[49] qual seja:

> Atuar de forma segura e rentável, com responsabilidade social e ambiental, nas atividades da indústria de óleo, gás e energia, nos mercados nacional e internacional, fornecendo produtos e serviços adequados às necessidades dos seus clientes e contribuindo para o desenvolvimento do Brasil e dos países onde atua.

Discordamos, em parte, dessa descrição da missão da empresa, pelas seguintes razões. Primeiro, além de parecer "atuar de forma rentável", deveria parecer, também, "atuar de forma a contribuir para a solução dos problemas do país". Em segundo lugar, ela deve atender "às necessidades de seus clientes", mas deve buscar, também, atender "às necessidades dos cidadãos brasileiros". Finalizando, ela deve "contribuir para o desenvolvimento do Brasil", prioritariamente, e, em segundo plano, "contribuir para o desenvolvimento dos países onde atua". As estatais são plenamente justificáveis em países subdesenvolvidos para servirem como instrumentos de desenvolvimento social, de diminuição dos desníveis regionais, impulsionadores do desenvolvimento

49. À disposição do público no *site* dessa empresa na internet.

econômico etc. Se não servirem a esses propósitos, por mais que forneçam a infra-estrutura, que possibilita o desenvolvimento, estarão deixando de contribuir como poderiam.

Conclusão

Se um povo não é capaz de se indignar quando é explorado, tudo pode ser feito com ele, até levarem seu precioso e escasso petróleo e gás. Quantos idealistas já não lutaram pela emancipação do nosso povo, pela criação da nação brasileira e pelo término da exploração dos mais humildes. Até por respeito a esses predecessores, precisamos acabar com o projeto subalterno que impuseram ao país nos últimos 15 anos. Precisamos trazer esperança para os muitos excluídos da população, e o orgulho pela nossa condição de brasileiros, não só porque, eventualmente, ganhamos desafios esportivos, mas porque nossos laços estão nessa terra, de onde recebemos herança cultural e é o lugar onde vivemos. Razões para nos ufanarmos não faltam: nossa população multirracial, o amplo e esplêndido território, a biodiversidade, os recursos naturais e a baixa incidência de intempéries.

Movimentos de cunho nacionalista, muitas vezes exacerbados, começam a explodir em todos os continentes, à medida que os detentores de reservas de hidrocarbonetos, especialmente petróleo e gás, se conscientizam do valor estratégico e comercial de suas jazidas. Recente artigo do professor José Luís Fiori (50) nos mostra, com clareza e competência, a onda que se propaga de maneira irreversível e avassaladora, englobando "a Bolívia, Honduras e o resto do mundo", como definido pelo autor.

Nesse momento de definição dos novos rumos políticos e econômicos para o país, exigindo programas respaldados em diretrizes e propostas de realizações capazes de resgatar o orgulho e a confiança do povo brasileiro, promovendo o desenvolvimento, postos de trabalho e justiça social, as lideranças políticas têm a oportunidade única, e talvez última, de recolocar o Brasil numa posição condizente com sua estatura de potência emergente e líder natural no continente Sul-americano.

Pela tradição histórica de conciliador e com excelente relacionamento com a comunidade internacional e sul-americana, em especial, o Brasil é o líder capaz de atuar positivamente para a integração e o desenvolvimento regional, atenuando radicalizações extemporâneas e contrárias às boas regras do relacionamento entre nações soberanas, ao mesmo tempo que reconhece o direito e o dever de bem remunerar os Estados prestigiados pela natureza com riquezas naturais, minerais e energéticas, extensivamente demandadas por toda a humanidade. Mas, para que assegure o respeito e a confiança para tão nobre missão, é preciso, em primeiro lugar, ser um país justo para com seu povo, devendo, nesse sentido, reformular as políticas nacionais, de modo coerente com o quadro de insatisfação e demandas da sociedade que anseia e exige futuro mais digno para as novas gerações.

Não há mais espaço para se falar em país do futuro, pois o futuro já foi ultrapassado e a opção é o progresso com justiça social, ou a explosão das massas empobrecidas, buscando seu espaço e fraturando, de forma perigosa e imprevisível, a estrutura assimétrica da família brasileira.

Não há como vencer a desigualdade no país, exacerbada, nos últimos anos, pelo liberalismo econômico e a globalização excludente, se o Estado nacional não for fortalecido, se o mercado doméstico não retornar, majoritariamente, às nossas empresas, se os postos de trabalho, decorrentes da demanda interna, não retornarem para os nossos trabalhadores, se as compras do Estado não forem realizadas, prioritariamente, no país e se as necessidades de engenharia e de desenvolvimento tecnológico não forem resolvidas pelas nossas consultorias, institutos de pesquisas e universidades. Para tal, fazemos nossas as palavras do general Felicíssimo Cardoso[50] (51), que disse, em 1952, a ainda atual consideração:

> No conjunto dos esforços patrióticos pela independência econômica e política do Brasil constituem fator de primeira grandeza as lutas populares contra os trustes imperialistas. O desejo destes é de que nos perpetuemos na condição de semicolônia, fornecedora de matérias-primas a preços baixos e importadora de produtos manufaturados. A vontade do povo, ao contrário, é de que sejamos uma nação verdadeiramente livre, com seu completo parque de indústrias pesadas, seu amplo mercado interno e a terra em mãos dos que realmente nela trabalham.

50. Uma das lideranças do movimento *O Petróleo É Nosso*, grande nacionalista, junto com seu irmão general Leônidas Cardoso, também liderança desse movimento, cujo destino lhe foi extremamente gentil, poupando-lhe da desgraça de ver seu filho, Fernando Henrique Cardoso, destruir a sua obra.

Bibliografia

(1) Yergin, Daniel. *O petróleo, uma história de ganância, dinheiro e poder*, 1996.

(2) Fiori, José Luís, e outros. *O poder americano*. Vozes, 2004.

(2a) *Petróleo, Energia Elétrica, Siderurgia: A luta pela emancipação*. Paz e Terra, 1975.

(3) Tibiriçá Miranda, Maria Augusta. *O petróleo é nosso*. Ipsis, 2004.

(3a) Araújo Castro, Editora Universidade de Brasília, 1982. Coleção Itinerários.

(4) Servant-Schreiber, Jean Jacques. *O desafio americano*, 197?.

(5) Ministério de Minas e Energia. *Balanço Energético Nacional – 2004*, 2005.

(6) Gonçalves, Reinaldo. *Globalização e Desnacionalização*. Paz e Terra, 1999.

(7) Moniz Bandeira, Luiz Alberto. *Formação do Império Americano*. Civilização Brasileira, 2005.

(8) Cerqueira Leite, Rogério Cézar de. "Biomassa, a esperança verde para poucos". *Folha de S. Paulo*, 25 fev. 2005.

(9) Goldemberg, José, aula magna do "Curso de especialização em gestão ambiental e negócios no setor energético", proferida em 24 fev. 2005.

(10) British Petroleum. *BP Statistical Review of World Energy 2005*. Disponível em www.bp.com.

(11) Hoffman, David E. "The Oligarchs - Wealth and Power in the New Russia", *Public Affairs New York*, 2002.
(12) Agência Nacional do Petróleo. Série do Anuário Estatístico Brasileiro do Petróleo e do Gás Natural, de 2001 a 2004.
(13) Campos, João Victor. "O exemplo do México", *Boletim da AEPET – Associação dos Engenheiros da Petrobrás*, 2005.
(14) International Monetary Fund (IMF). *World Economic Outlook*, set. 2005.
(15) "Alerta para nova crise do petróleo". *Jornal do Brasil*, 6 abr. 2005.
(16) Energy Information Administration (EIA)/Department of Energy (DOE). "World oil markets", *International Energy Outlook 2005*.
(17) Campbell, Colin, & Laherrère, Jean. "The end of cheap oil", *Scientific American*, mar. 1998.
(18) Hubbert, M. King. *Nuclear Energy and the Fossil Fuels*, 1956.
(19) Laherrère, Jean. "Estimates of oil reserves", *International Energy Workshop*, IIASA, jun. 2001.
(20) Bernabe, Franco. "Cheap oil: enjoy it when it lasts", Forbes, jun. 1998.
(21) Bowlin,[51] Mike. "Last days of the oil age", fev. 1999.
(22) Deffeyes, Kenneth. *Hubbert's peak – The impending world oil shortage*, Princeton University Press, 2001.
(23) Laherrère, Jean. "Forecasting future production from past discovery", seminário da Opep, set. 2001.
(24) Da Rosa, Sérgio Eduardo Silveira, & Gomes, Gabriel Lourenço. "O pico de Hubbert e o futuro da produção mundial de petróleo", *Revista do BNDES*, dez. 2004.
(25) *International Energy Agency, Analysis of the Impact of High Oil Prices on the Global Economy*, maio 2004.

51. Antigo proprietário da empresa de petróleo Arco, a qual foi vendida para a BP.

(26) "Flambée du pétrole: ceux qui perdent, ceux qui gagnent", *Le Monde*, 1 out. 2004.
(27) Ludmer, Paulo. "Brasil hidro x mundo térmico", *Agência Canal Energia*, 1 nov. 2005.
(28) Ceceña, Ana Esther. "Estratégias de dominação e mapas de construção da hegemonia mundial", II Fórum Social Mundial, jan./fev. 2002.
(29) Ricupero, Rubens. "Haverá vida depois do petróleo?", *Folha de S.Paulo*, 10 out. 2004.
(30) Cerqueira Leite, Rogério Cezar de. "A morte anunciada do petróleo", *Folha de S.Paulo*, 2 maio 2004.
(31) Cerqueira Leite, Rogério Cezar de. "O canto sedutor dos petrocratas", *Folha de S.Paulo*, 29 jun. 2004.
(32) Krugman, Paul. "O gargalo do petróleo", *Folha de S.Paulo*, 12 abr. 2005.
(33) Roberts, Paul. "A silenciosa guerra do petróleo", *O Estado de São Paulo*, 4 jul. 2004.
(34) Sarkis, Nicolas. "Bem-vindos ao fim da Era Petróleo", *Le Monde Diplomatique*, maio 2006.
(35) Fiori, José Luís. "Geografia econômica mundial", *Agência Carta Maior*, 4 abr. 2005.
(36) Lessa, Carlos. "Petróleo brasileiro para exportação: é esta uma decisão conveniente?", *Valor Econômico*, 13 abr. 2005.
(37) Campbell, Colin. "O fim do começo", *Veja*, 5 out. 2005.
(38) Rockfeller, John D. *Reminiscências soltas sobre homens e fatos*, 1909.
(39) Pertence, Argemiro. Palestra "As corporações globais do petróleo e poder mundial", proferida no Movimento em Defesa da Economia Nacional (Modecon), 2005.
(40) Lessa, Carlos, e outros. *O Brasil à luz do apagão*. Palavra & Imagem, 2001.

(41) Pinheiro Guimarães, Samuel. *Quinhentos anos de periferia*, Universidade Federal do Rio Grande do Sul/Contraponto, 1999.
(42) Chaui, Marilena. "Carta aos alunos", *Folha de S.Paulo*, 21 set. 2005.
(43) Braga, Roberto Saturnino, e Metri, Paulo. "Uma nova imprevidência à vista", *Gazeta Mercantil*, 5 jun. 2001.
(44) Ferolla, Sérgio Xavier. Palestra "Política de petróleo e derivados no Brasil", IX Congresso Brasileiro de Energia, 2002.
(45) "O compromisso social do petróleo", encarte "Technologia" da revista *Ciência Hoje*, da SBPC, vol. 27, n. 162, jul. 2000.
(46) Navarro Junior, Lamartine. "O sonho da matriz energética", *Folha de S.Paulo*, 25 ago. 2000.
(47) Benjamin, César; Metri, Paulo, & Ribeiro, Rômulo Tavares. "Sexta licitação: erro estratégico no setor petróleo", disponível em www.contrapontoeditora.com.br/editorial.cfm.
(48) Comparato, Fábio Konder. "Dois escândalos e uma proposta", *Folha de S.Paulo*, 22 ago. 2004.
(49) Comparato, Fábio Konder. "Quem dá mais?", *Folha de S.Paulo*, 24 set. 2004.
(50) Fiori, José Luís. "A Bolívia, Honduras e o resto do mundo", disponível em www.desempregozero.org.br.
(51) Cardoso, Felicíssimo. Prefácio escrito para a publicação *Libertação Econômica*, número 1, da série Cadernos de Emancipação, 1952.

Anexos

Anexo I

O bom para eles pode não ser para nós

(Publicado na *Folha de S.Paulo* em 17-2-2005)

Sergio Ferolla e Paulo Metri

Por ocasião do quinto Fórum Social Mundial, concluído recentemente, na reunião de debates sobre o pico da produção mundial de petróleo, o expositor principal, Dick Burkhart, fez um apanhado da literatura técnica recente, tendo citado que, segundo o último estudo de Colin Campbell, baseado nas curvas de produção de petróleo dos principais países produtores, o referido pico deverá ocorrer em torno de 2008. Sobre esse tema, o artigo do físico Rogério Cerqueira Leite, publicado na *Folha de S.Paulo* em 2/5/04, proporcionou fundamentados esclarecimentos.

A tese daqueles autores é que, tão logo a curva da produção mundial de petróleo passe por um máximo e comece a declinar, o preço do barril, como conseqüência, será acentuadamente crescente. Do ponto de vista da economia mundial, não é importante considerar o momento da possível exaustão, sendo realmente significativo o momento em que o preço do barril irá superar todas as barreiras aceitáveis, o que deverá ocorrer bem antes.

A taxa de descoberta de petróleo tem sido quatro vezes menor que a sua taxa de consumo, tendo o pico da descoberta mundial de petróleo ocorrido em 1965. A produção americana atingiu o seu pico em 1971, e a produção do mar do Norte, recentemente, e, no momento, a curva da produção da maioria dos países já passou pelo ponto máximo. Existem fortes dúvidas de que países do Oriente Médio, como a Arábia Saudita, tenham as reservas que argumentam ter. A produção do mar Cáspio está aquém do esperado. As novas descobertas da costa oeste da África e de outras regiões são modestas e não irão compensar o declínio dos atuais campos em produção.

No Brasil, as reservas de petróleo remanescentes jamais chegarão aos volumes dos grandes produtores mundiais, sabendo-se que a soma dos já dimensionados com os que estão por descobrir não supera os 30 bilhões de barris. Como necessitamos de 1,8 milhão de barris diários, é fácil concluir que, para uma demanda crescente de 5% ao ano, tais reservas estariam exauridas em 25 anos se destinadas apenas ao consumo nacional. É importante ressaltar que as reservas provadas são de apenas 16 bilhões de barris, possibilitando a Petrobrás assegurar o abastecimento até 2020, período de nossa esperada auto-suficiência. No momento, o país depende de apenas 10% de óleo importado.

A Lei 9.478 está sendo questionada no Supremo Tribunal Federal quanto a sua constitucionalidade, principalmente por assegurar a propriedade do petróleo a quem o descobre. O principal argumento sobre as conseqüências funestas do prosseguimento pela Agência Nacional do Petróleo dos leilões de áreas das nossas reservas para empresas internacionais, com amparo na citada lei, é permitir que o petróleo descoberto seja exportado após complementar o suprimento doméstico de curtíssimo prazo.

Assim, em vez de permanecerem estocados em nosso subsolo, como assegurava o monopólio estatal, os milhões de barris a serem descobertos como decorrência natural das concessões serão exportados em crescentes volumes, reduzindo perigosamente os considerados 25 anos de suprimento interno garantido. No futuro, o Brasil precisará importar esses mesmos volumes, se disponíveis, a custos inacessíveis.

Para agregar mais complexidade ao cenário, deve-se ressaltar a decisão de "assegurar acesso incondicional às fontes de energia" como um dos objetivos da política de defesa dos Estados

Unidos, mostrando como o petróleo é considerado estratégico e essencial para a segurança e a manutenção do alto nível de desenvolvimento daquele país.

É sob esse quadro de incertezas que julgamos oportuna a mobilização da sociedade, para analisar aberta e detalhadamente a conveniência do benéfico e seguro sistema fechado de produção e consumo do nosso petróleo, que possibilitava, entre outras vantagens, não inserir na oferta ao consumidor doméstico o superlucro existente nos preços do mercado mundial, em especial nos conturbados momentos de instabilidade do fornecimento.

Como não há competição do lado da oferta, no mercado mundial, a abertura do setor do petróleo no país, ocorrida na década de 1990, só tem servido para aumentar, muito além da inflação brasileira, o preço dos derivados no mercado interno. Assim, trocou-se o monopólio estatal nacional pelo oligopólio privado estrangeiro, reservando-se astutamente, para umas poucas empresas privadas nacionais, posições minoritárias em alguns empreendimentos. Com essa esfarrapada estratégia, os arquitetos da mudança argumentam que ocorreu a desestatização do setor, quando, na verdade, ocorreu uma perniciosa desnacionalização.

As empresas privadas são bem-vindas, mas atuando sob a supervisão da autoridade nacional, como ocorre na maioria dos grandes países. O fato de o Estado não poder, pelo modelo vigente, proibir a exportação do petróleo produzido por empresas do oligopólio bem mostra a prevalência dos interesses do capital sobre as demandas sociais, razão pela qual a decisão do Supremo se reveste de enorme importância e, nela, a sociedade certamente deposita toda uma benéfica e patriótica esperança.

Sergio Xavier Ferolla, 71, tenente-brigadeiro-do-ar, é engenheiro eletrônico pelo Instituto Tecnológico da Aeronáutica (ITA) e ministro aposentado do Superior Tribunal Militar. Foi comandante e diretor de estudos da Escola Superior de Guerra (1993-1994) e chefe do Estado Maior da Aeronáutica (1995-1996). **Paulo Metri**, 59, engenheiro industrial e mecânico, é engenheiro da Comissão Nacional de Energia Nuclear, conselheiro do Clube de Engenharia e da Federação Brasileira das Associações de Engenheiros.

Anexo II

O novo Iraque pode ser aqui

(Artigo publicado no *Jornal do Brasil* em 14-11-2004)

Sergio Ferolla e Paulo Metri

O mar, de tão parado, mais parecia uma grande lagoa. Junto com o reflexo da luz da lua no espelho d'água, transmitia uma aparente sensação de tranqüilidade. Mas o comandante da fragata da nossa Marinha e o seu jovem imediato, que se esforçavam para usufruir dessa visão quase paradisíaca, não estavam tranqüilos. A brisa amenizava o calor asfixiante que reinou durante todo o dia daquele janeiro de 2015, aumentando a ansiedade da tripulação, típica de quem vai para uma frente de batalha. No caso presente, a frente de batalha é que estava vindo em direção ao navio de guerra, estacionado ao lado de uma plataforma de petróleo, algumas milhas distante do litoral, na bacia de Campos.

– Comandante, o senhor acha que os gringos vão retaliar?

– Retaliar, eu não sei, mas da próxima vez vão se prevenir. Afinal de contas, o petroleiro deles foi levado à força para o terminal em terra. Com relação a esse caso, eles irão a tribunais internacionais, mas os próximos cargueiros, a serviço de empresas estrangeiras, que receberem ordem de descarregar o petróleo, mesmo estando em nossas águas, certamente contarão com a proteção da frota de alguma das potências e será muito difícil, para nós, sustentar e fazer cumprir ordens de comando aos petroleiros alienígenas.

– Comandante, como tudo começou?

– Começou em 1995, quando mexeram no artigo 177 da Constituição Federal e, em seguida, em 1997, promulgaram a Lei nº 9.478. Assim, criaram um arcabouço jurídico, muito questionado, à época, que permitiu a assinatura de contratos de concessão com 30 anos de validade, para empresas privadas explorarem petróleo no Brasil e, na hipótese de descobri-lo, poderem fazer o que bem quisessem com o produto, inclusive exportar. Os dirigentes de então não acreditavam, apesar de alertados, que o petróleo pudesse atingir os atuais patamares de preço, bem como não consideraram que a Petrobrás, com seus orçamentos rotineiramente contingenciados, obtivesse sucesso limitado na descoberta de novas jazidas, a partir de 2005. Assim como não contavam com o sucesso das empresas estrangeiras, a partir da mesma época. E ainda pior, visando melhorar o valor do nosso superávit comercial, para a satisfação do mercado de capitais, determinaram que a Petrobrás exportasse a produção de petróleo excedente. O resultado danoso de tudo isso é que, hoje, a nossa empresa não consegue mais atender a demanda nacional, as empresas estrangeiras exportam a quase-totalidade do que produzem, alegando terem contratos de longo prazo, assinados no passado e que devem ser honrados, ocorrendo, como conseqüência, o desabastecimento do país.

– Mas ouço dizer que no passado ocorreu também uma decisão do Supremo Tribunal Federal, que contribuiu para entrarmos nessa crise?

– É verdade. O Supremo, em 2004, infelizmente, ao julgar uma ação direta de inconstitucionalidade, referente à Lei do Petróleo, olhando somente para o curto prazo, surpreendeu o país e não acatou a ação interposta. Prendeu-se às questões de marcos regulatórios estáveis e da atração de capitais externos para o país. Não se ativeram às questões geopolíticas e estratégicas, ou seja, como o país iria garantir o seu suprimento nos próximos 15 ou mais anos. É claro que existia a questão puramente jurídica, que dava margem a interpretações alternativas, deixando os ministros livres para considerarem esses e muitos outros aspectos.

– Mas não foi aprovada, recentemente, uma lei que proíbe a exportação de qualquer quantidade de petróleo?
– Ela é a razão exata de estarmos aqui nesse momento. O petroleiro ia levar o petróleo das nossas reservas para o exterior, segundo contratos teoricamente vigentes. Os congressistas, reconhecendo os erros do passado, aprovaram uma nova Lei, mas esqueceram de verificar se as nossas Forças Armadas, seguidamente sucateadas, teriam poder de dissuasão capaz de garantir a sua aplicação. A bem da verdade, as empresas têm, na mão, contratos que são atos jurídicos perfeitos e que lhes permitem exportar o petróleo extraído em nossas reservas. Alguns juristas alegam que essa mudança da lei só poderá valer para os novos contratos de concessão, não tendo validade para os antigos.
– O preço do petróleo está na estratosfera e só tende a subir, pois a produção mundial está caindo. Não entendo como, no passado, não pensaram em preservar o petróleo nacional. Como o Brasil vai conseguir se abastecer, com esses preços e ameaças, no conturbado e belicoso mercado mundial?
– Não sei. Vamos cumprir com o nosso dever. Se a negociação resultar em nada e se for necessário enfrentar o adversário, vamos oferecer o máximo de resistência possível. Mas seria bem melhor se os governos desses últimos 20 anos tivessem liberado mais recursos para as Forças Armadas.

Essa alternativa de futuro não é desejada pelos autores, mas, despertando a consciência adormecida da sociedade, talvez sirva para alertar sobre a importância de algumas decisões que, tomadas na atualidade, atuarão em detrimento da tranqüilidade futura e da própria soberania da nação brasileira. Esse pode não ser o cenário mais provável, mas, certamente, ele é possível.

Sergio Xavier Ferolla, tenente-brigadeiro-do-ar, é membro da Academia Brasileira de Engenharia Militar. **Paulo Metri**, engenheiro, é conselheiro do Clube de Engenharia.

Anexo III

Intervencionismo

(Extraído de discurso do general Smedley Butler, proferido em 1933)

Guerra é exatamente uma extorsão. Uma guerra é mais bem descrita, eu acredito, como alguma coisa que não é o que parece para a maioria das pessoas. Somente um pequeno grupo que está dentro sabe o que significa. Ela é conduzida para o benefício dos muito poucos à custa das massas.

Eu acredito em uma adequada defesa da costa e mais nada. Se uma nação vem até aqui para lutar, então nós iremos lutar. O problema com os Estados Unidos é que quando o dólar só rende 6% aqui, então o país fica inquieto e vai para o exterior a fim de conseguir 100%. Em seguida, a bandeira segue o dólar e os soldados seguem a bandeira.

Eu não iria para a guerra de novo, como eu fui, para proteger algum investimento nojento dos banqueiros. Existem somente duas coisas que nós deveríamos lutar por elas. Uma é a defesa de nossos lares e a outra é a Carta de Direitos. Guerra por qualquer outra razão é simplesmente uma extorsão.

Não existe uma trapaça no pacote de extorsão que a gangue militar não está conhecendo. Ela tem seus "homens apontadores" para mostrar inimigos, seus "homens músculos" para destruir inimigos, seus "homens cérebros" para planejar os preparativos de guerra, e um "Grande Chefe" Super-Nacionalista-Capitalista.

Pode parecer estranho pelo fato de a minha pessoa, um militar, adotar tal comparação. A veracidade me compele a isso. Eu passei trinta e três anos e quatro meses no serviço militar ativo como um membro da mais ágil força militar deste país, o Corpo de Fuzileiros Navais. Eu servi em todos os postos comissionados desde segundo-tenente até general-de-divisão. E durante este período, eu passei a maior parte do meu tempo sendo um homem músculo de alta classe para o Grande Negócio, para Wall Street e para os banqueiros. Resumidamente, eu era um extorsionário, um gângster para o capitalismo.

Eu suspeitava que eu fazia exatamente parte de uma extorsão neste tempo. Agora eu estou certo disto. Como todos os membros da profissão militar, eu nunca tive um pensamento meu próprio até que eu deixei o serviço. Minhas faculdades mentais permaneceram suspensas enquanto eu obedecia às ordens dos superiores. Isto é típico com qualquer um no serviço militar.

Eu ajudei fazer o México, especialmente Tampico, seguro para os interesses das empresas de petróleo americanas em 1914. Eu ajudei fazer o Haiti e Cuba um lugar decente para os rapazes do National City Bank arrecadarem rendimentos. Eu colaborei com a violação de uma meia dúzia de repúblicas da América Central para os benefícios de Wall Street. O registro de extorsões é grande. Eu ajudei a purificar a Nicarágua para a casa bancária internacional de Brown Brothers em 1909-1912. Eu trouxe luz na República Dominicana para os interesses dos usineiros americanos em 1916. Na China, eu ajudei para que a Standard Oil seguisse seu caminho sem ser molestada.

Durante aqueles anos, eu participei, como os garotos no quarto do fundo diriam, de uma expansão da extorsão. Olhando para trás neste ponto, eu sinto que eu poderia ter dado a Al Capone umas poucas sugestões. O melhor que ele pôde fazer foi operar as suas extorsões em três distritos. Eu operei em três continentes.

Smedley Darlington Butler, general-de-divisão do Corpo de Fuzileiros Navais dos Estados Unidos, foi durante longo período o mais condecorado fuzileiro naval deste país, recebeu duas vezes a Medalha de Honra, sendo um dos somente 19 heróis que receberam tal honraria. Escreveu o livro *Guerra é uma extorsão*, um dos primeiros trabalhos que descreveu o complexo militar-industrial existente nos Estados Unidos.

Anexo IV

O boliviano é melhor que o brasileiro?

(Artigo publicado no *Monitor Mercantil* em 18-5-2006)

Sergio Ferolla e Paulo Metri

Sobre a questão da nacionalização do gás da Bolívia, já há algum consenso, só não aceito pelos mais empedernidos críticos. A Bolívia é um Estado soberano e, como tal, tem o direito de dar o destino que melhor lhe aprouver aos seus recursos minerais, só que, por necessidade de continuar participando do comércio mundial, ela deve respeitar os investimentos estrangeiros realizados no país, significando que devem ser reconhecidas as dívidas para com as empresas que tiveram seus patrimônios expropriados. Pelas últimas informações, isso será difícil, mas o governo boliviano deveria iniciar a negociação dessas dívidas, a menos que possua algum plano de sobrevivência isolada de grande número de países. Certamente, se a Bolívia quiser negociar, deve propor o prolongamento máximo do pagamento das dívidas, de forma a não penalizar a sociedade boliviana no curto prazo.

Por outro lado, o povo boliviano estava realmente sendo explorado, pois o imposto que era cobrado, antes do primeiro acréscimo determinado pelo Presidente Evo Morales, era ridículo, já que os governos anteriores não protegeram a sociedade boliviana. Entretanto, o processo de nacionalização adotado pelo governo Morales com relação à Petrobrás e ao Brasil foi, no mínimo, inábil, podendo ser considerado hostil, pouco recomendável para um país que quer criar uma aliança forte com os vizinhos do continente. A agressividade do presidente Morales deve ter motivação interna, mas, certamente, sua sensibilidade diplomática lembra um chimpanzé em armário de louça.

O governo brasileiro reagiu de maneira atabalhoada no primeiro momento. Será que o primeiro mandatário do Brasil deveria ter se reunido, logo após o ato radical, com outros presidentes, inclusive Morales? A Petrobrás deve continuar comprando o gás majorado, dentro de limites. Se o novo preço cobrado for exorbitante, é preferível criar uma economia de guerra para enfrentar a escassez do energético, mas nunca comprar o gás como se o Brasil estivesse refém do vizinho. Para chantagem, só há uma saída, que é a de não concordar com ela e enfrentar a situação drástica criada. A Bolívia, nessa hipótese, irá sofrer tanto quanto o Brasil, pois infra-estruturas ou tecnologias que permitiriam o escoamento do gás boliviano para outro comprador inexistem. Também, foi o governo FHC que implantou o gasoduto Brasil–Bolívia e criou a dependência em questão, sem haver planejamento estratégico em que aspectos geopolíticos fossem considerados.

A Petrobrás, pertencendo ao Estado, deve fazer aquilo que for melhor para a sociedade brasileira. No entanto, cerca de 60% do seu capital estão em mãos privadas, sem deter o controle da empresa, não permitindo a ela não reivindicar, em corte internacional, a defesa de seus interesses, que são, além dos da sociedade brasileira, os dos acionistas, uma vez que existe, na lei, proteção aos não-controladores.

Porém, um ponto não foi citado por nenhum comentarista, salvo algum descuido de leitura. O presidente Lula declarou que a nacionalização do gás foi boa para o povo boliviano. Por dedução óbvia, por que ele deixa o petróleo brasileiro ser internacionalizado? Continuam ocorrendo rodadas de leilões de áreas do território nacional para o petróleo encontrado ser exportado por empresas estrangeiras. A oitava rodada de leilões está, hoje, sendo preparada pela ANP por determinação do presidente Lula.

O presidente tem que nos explicar por que o gás boliviano deve ser só dos bolivianos e o petróleo brasileiro não pode ser só dos brasileiros. O povo boliviano merece mais consideração do presidente Lula que o povo brasileiro?

Sergio Xavier Ferolla, tenente-brigadeiro-do-ar, é membro da Academia Nacional de Engenharia. **Paulo Metri** é conselheiro do Clube de Engenharia.

Anexo V

Penas soltas ao vento

(Artigo publicado no *Jornal do Brasil* em 2-3-2005)

Sergio Ferolla e Paulo Metri

O ato de confundir é fácil, pois basta lançar a inverdade, sem grande comprovação, e confiar que o leitor não terá motivação para buscar a confirmação. O difícil é, após o estrago, conseguir restaurar a verdade. É como recolher penas soltas ao vento. Em 13 de janeiro, o *Jornal do Brasil* publicou um artigo de dois economistas, intitulado "Energia em 2005: hora de decisão", que destaca: "no setor de petróleo, apesar das sucessivas altas de preços no mercado internacional, o governo manteve os preços internos da gasolina e do óleo diesel abaixo do mercado internacional". Devemos acrescentar: "Graças a Deus", pois o brasileiro precisa, exatamente, dos nossos produtos baratos, sem embutir a ganância dos especuladores que comercializam petróleo e derivados no exterior.

Em novo parágrafo, afirmam que "a prolongada defasagem nos preços mostrou a inviabilidade de novos projetos de refino no Brasil, fora da órbita da Petrobrás". Ora, se novos projetos de refino só chegam no Brasil se os preços dos derivados forem elevados para o consumidor e se há uma alternativa com preços mais baixos, resultante do refino pela Petrobrás, saudemos a inviabilidade dos novos projetos.

Eles argumentam: "no caso da exploração e produção de petróleo, a sexta rodada foi marcada pelo risco regulatório". O risco, na sexta rodada, foi para as empresas transnacionais, porque, por pouco, não iam abocanhar área alguma, como conseqüência da Ação Direta de Inconstitucionalidade sobre a Lei do Petróleo (9.478/97) colocada no STF pelo governador Requião e acatada pelo relator do processo, ministro Carlos Britto, preocupados em preservar a Carta Magna e o interesse da sociedade. O risco regulatório para a sociedade continua existindo porque a Lei citada continua em vigor.

Mais adiante, afirmam: "além disso, continua crescendo a hegemonia da Petrobrás, cuja participação média saltou de 20% nas duas primeiras rodadas para 70% nas duas últimas". Pela Petrobrás ter alcançado esse índice, ela merece elogios, uma vez que ganhou as áreas em concorrências.

Em um ponto admiramos os autores, pois eles são autênticos, já que não se sentem constrangidos em continuar com a tese de o petróleo ser uma simples *commodity*, depois que o barril ultrapassou os U$ 40 e os Estados Unidos invadiram o Iraque para dar o exemplo a quem tem petróleo e quer ser rebelde. Para eles, "a Petrobrás deve ter uma gestão empresarial", o que acarreta, para os acionistas, muitos estrangeiros, maiores dividendos, em detrimento da sociedade brasileira. Para nós, a Petrobrás deve ter uma gestão profissional, atendendo às metas empresariais, mas resguardando os interesses da sociedade. O modelo do setor de petróleo criado pelo governo anterior é um fracasso. Os ideólogos da mudança queriam a abertura externa para trazer competição e, com isso, baratear o preço dos derivados no país. Erraram, pois não há competição na oferta de petróleo e os preços estão sempre crescendo. O sistema antigo protegia o mercado interno do exorbitante preço internacional.

Além disso, a Petrobrás é a única que recolhe grandes quantias de impostos e taxas no setor. Ela descobriu muito petróleo no Brasil, no passado e na atualidade. É quem melhor conhece a tecnologia de águas profundas, quem mais investe na prospecção e produção no país e quem se preocupa em realizar o máximo de compras locais, além de ajudar a sociedade em vários aspectos.

As mudanças de 1997 na legislação nunca foram trazidas para debate: as multinacionais recebem a propriedade do petróleo descoberto, têm liberdade para exportá-lo, não têm obrigação de preservar no solo reservas para suprir as necessidades de médio prazo do país, assinam contratos de validade de 30 anos e os desacordos são resolvidos em câmaras de arbitragem internacionais. Criaram até o eufemismo: "o monopólio não foi extinto, só flexibilizado", quando um monopólio flexibilizado não é mais monopólio.

Por felicidade, quem fez essas mudanças no arcabouço jurídico, não as fez corretamente. Assim, o STF tem uma chance ímpar, nos próximos dias, quando a ADI for para julgamento, de corrigir a inconstitucionalidade da lei e, de passagem, corrigir todos os malefícios sucintamente descritos.

Sergio Xavier Ferolla é brigadeiro e membro da Academia Nacional de Engenharia.

Paulo Metri é conselheiro do Clube de Engenharia.

Anexo VI

Convite ao diálogo

(Publicado no *Jornal do Brasil* em 10-6-2005)

Sergio Ferolla e Paulo Metri

Há anos, argumentamos que as rodadas de leilões de áreas para exploração de petróleo, promovidas pela ANP, deveriam ser suspensas, por acreditarmos que trazem mais danos à sociedade que benefícios. Contudo, essas teses permanecem pouco conhecidas e não estão repercutindo na sociedade, tanto que o governo está promovendo, agora, a sétima rodada, sem relevante manifestação de protesto. Frente a esse fato praticamente consumado e sem significar qualquer apoio às rodadas, analisemos erros de rodadas anteriores, para que não sejam repetidos na atual.

O Brasil é um dos países do mundo que menos cobra tributos das empresas pela produção de petróleo, segundo a revista *Ciência Hoje* da SBPC, vol. 27, nº 162, encarte "Technologia", de julho de 2000. O Brasil cobra de tributos cerca de 45% da receita líquida do petróleo, enquanto Noruega, Colômbia e Venezuela cobram mais de 80%, e esse é um setor que pode ser taxado substancialmente, pois os lucros são excepcionais. Assim, por que abrir mão de tão acessível fonte de recursos, quando o atual governo tem conseguido, com desgaste político, aumentar a arrecadação e, mesmo assim, não ter disponibilidade orçamentária para o setor de saúde, as universidades, o soldo dos militares, a cultura, o programa Fome Zero etc.?

Se houver mudança nas regras da arrecadação, ela não valerá para as concessões já assinadas, pois os investidores decidiram participar nos respectivos leilões baseados naquelas até então vigentes, mas, para novos leilões, novos dispositivos legais poderiam prevalecer. Dessa forma, qualquer nova rodada de leilões, sem as necessárias mudanças, significa criar um novo conjunto de concessões, contemplando regras benevolentes e válidas por 30 anos.

A segunda observação é com relação às compras locais na fase dos investimentos dos projetos. A iniciativa de se criar um patamar mínimo dessas compras tem nosso total apoio, assim como a extinção, para a sétima rodada, da promessa de compras locais acima da parcela mínima, como um dos critérios de julgamento das propostas para obtenção de área. Com a multa irrisória, até então estipulada, pelo não-cumprimento das promessas, os competidores definiam volumes de compras locais que, sabidamente, não iriam realizar, mas que pesavam no julgamento.

Uma vez que não se pretende aumentar o valor da multa, alegando-se que, quando ela é alta, os competidores não prometem comprar nada no país, além do mínimo estipulado, o patamar mínimo poderia ser definido em um nível superior, pois é sabido que as compras no Brasil são viáveis e vantajosas acima do mínimo estabelecido. A empresa estrangeira tem uma tendência natural de fazer aquisições nos seus fornecedores habituais e, dificilmente, se motiva a testar novas fontes. Por esse motivo, no início da produção do mar do Norte, o Reino Unido e a Noruega exerciam grande interferência nos investimentos das empresas que lá operavam, chegando a ponto de determinarem que bens e serviços deveriam ser adquiridos localmente.

Por derradeiro, é falha a cláusula existente em todos os contratos, obrigando a produção nacional a atender prioritariamente ao mercado doméstico, não só porque não define o que é "estoque estratégico do país", mas também porque nada é dito sobre o preço do petróleo a ser desviado para o abastecimento interno.

Além disso, ela exige, em contratos de algumas rodadas anteriores, que para sua aplicação, o presidente da República deve declarar existir situação de emergência nacional, o que significaria o país já estar passando por uma situação bastante grave.

Temos esperança de ser este o momento de um proveitoso diálogo. Além da comunicação através da imprensa, as audiências públicas das rodadas, presididas e relatadas por entidades independentes, constituindo-se em fóruns democráticos, poderiam ser o local do debate com a sociedade. Por que não utilizar o Congresso Nacional?

Sergio Xavier Ferolla, tenente-brigadeiro-do-ar, é membro Acadêmico da Academia Nacional de Engenharia. **Paulo Metri** é conselheiro do Clube de Engenharia.

Anexo VII

Data vênia

(Artigo publicado no *Monitor Mercantil* em 25-6-2004)

Sergio Xavier Ferolla e Paulo Metri

Senhores congressistas. Cremos que a Lei nº 9.478, de 6/8/1997, a chamada Lei do Petróleo, criada por Vossas Excelências, é inconstitucional. Freqüentemente são trazidos a público argumentos geopolíticos, nacionalistas e de racionalidade social que provam ser esta lei inadequada para o nosso país; no entanto, não é por tais argumentos, que caberiam em outro artigo, que a consideramos inconstitucional. Esses aspectos, de caráter altamente estratégicos, deveriam ter sido considerados na ocasião da sua elaboração, mas, infelizmente, foram desprezados pelos Senhores Legisladores.

O corpo do artigo 177 da Constituição de 1988 diz, no que se refere ao petróleo (abstraindo-se os minérios e minerais nucleares), que constituem monopólio da União:

> "I – a pesquisa e a lavra das jazidas de petróleo e gás natural e outros hidrocarbonetos fluidos;
> II – a refinação do petróleo nacional ou estrangeiro;
> III – a importação e exportação dos produtos e derivados básicos resultantes das atividades previstas nos incisos anteriores; e
> IV – o transporte marítimo do petróleo bruto de origem nacional ou de derivados básicos de petróleo produzidos no País, bem assim o transporte, por meio de conduto, de petróleo bruto, seus derivados e gás natural de qualquer origem".

Este artigo 177 foi modificado pela Emenda Constitucional nº 9, de 9/11/1995, passando o parágrafo primeiro do referido artigo a estabelecer que: "a União poderá contratar com empresas estatais ou privadas a realização das atividades previstas nos incisos I a IV" (exatamente as atividades relacionadas acima). Mas tal emenda não mexeu no corpo do artigo 177, que estabelece o monopólio estatal do setor de petróleo. Então, salvo melhor entendimento, o monopólio estatal deste setor foi preservado.

Do dicionário de Antônio Houaiss, pode-se obter como um dos significados da palavra monopólio: "privilégio legal ou de fato, que possui um indivíduo, uma companhia ou um governo de fabricar ou de vender certas coisas, de explorar certos serviços, de ocupar certos cargos". De Campbell McConnell, em *Economics – Principles, Problems and Policies*, podemos ler: "O monopólio puro ou absoluto existe quando uma única empresa é o fabricante solitário de um produto para o qual não existe substituto próximo".

Pode-se depreender, destas definições, que a característica principal de um monopólio é que os produtos ou serviços obtidos da operação do setor monopolizado são da posse do monopolista, que os comercializa. Ou seja, um setor que ficou estabelecido, pela Carta Magna, como operado através de um monopólio, mas cujos produtos ou serviços obtidos não são possuídos pelo detentor do monopólio, deixou de ser, na verdade, um setor monopolizado.

Desta forma, data vênia, a interpretação juridicamente válida para a emenda constitucional em pauta é que ela permitiu à União contratar empresas estatais ou privadas para executar as atividades do setor de petróleo, mas sem abrir mão da propriedade dos produtos obtidos na execução dessas atividades.

Tomemos o exemplo da exploração e produção de petróleo. A União pode contratar uma empresa para executar essas atividades em determinada região e a remunerará por tal. Mas o petróleo produzido será de propriedade da União e não da empresa contratada; caso contrário, deixaria de existir o conceito de monopólio.

A Lei nº 9.478 diz, no seu artigo 26, que "a concessão implica, para o concessionário, a obrigação de explorar, por sua conta e risco e, em caso de êxito, produzir petróleo ou gás natural em determinado bloco, conferindo-lhe a propriedade desses bens, após extraídos, com os encargos relativos ao pagamento dos tributos incidentes e das participações legais ou contratuais correspondentes". Portanto, salvo melhor interpretação, essa lei não pode conferir ao concessionário a propriedade do petróleo ou gás natural, após extraídos, devido serem tais produtos de propriedade da União, sob pena de deixar de existir o monopólio determinado pela Constituição.

Os argumentos expostos indicam ser a referida lei inconstitucional, se não, qual o efeito legal decorrente do fato de existir, no corpo do artigo 177 da Constituição, a declaração formal da vigência do monopólio da União no setor de petróleo?

A bem da verdade, esse questionamento surgiu, quase simultaneamente e há algum tempo, na interpretação de vários estudiosos da questão petróleo, bem como, ao que estamos informados, entre muitos dos membros da Associação dos Engenheiros da Petrobrás (Aepet). O importante, no momento, não é identificar esse ou aquele que iluminou tão importante interpretação jurídica, e, sim, reforçar os argumentos em defesa daqueles para quem a Constituição busca preservar os direitos fundamentais, os cidadãos brasileiros.

Frente a tão complexos argumentos, com a palavra os juristas, pois se estes argumentos forem julgados suficientes para embasar, com alguma chance de sucesso, uma eventual Ação de Inconstitucionalidade, junto ao Supremo Tribunal Federal, com relação à Lei nº 9.478, qualquer entidade que satisfizer os ditames do artigo 103 da Constituição poderá deles fazer bom e patriótico uso.

Muito em breve, mais um desvario, devido à tão maléfica lei, está previsto para acontecer. Em agosto próximo está para se realizar a sexta rodada de licitações de áreas para exploração e produção de petróleo, promovida pela Agência Nacional do Petróleo. Este leilão inclui as áreas escolhidas e mapeadas pela Petrobrás e, em conseqüência, poderemos ter empresas transnacionais assegurando a propriedade de blocos com grandes potenciais petrolíferos, que propiciarão a exportação e a dilapidação de uma das nossas mais preciosas reservas.

Sergio Xavier Ferolla é membro acadêmico da Academia Nacional de Engenharia e **Paulo Metri** é conselheiro do Clube de Engenharia.

Anexo VIII

Chorar o petróleo derramado

(Publicado no *Jornal do Commercio* em 2-6-2005)

Sergio Ferolla e Paulo Metri

No dia 16/3/2005, o Supremo Tribunal Federal, por maioria de votos, considerou constitucional a atual Lei do Petróleo (Lei nº 9.478), ao negar provimento à Ação Direta de Inconstitucionalidade (ADI), impetrada pelo governador Roberto Requião, acabando com a patriótica esperança que muitos brasileiros depositavam na Suprema Corte.

Como conseqüência, em futuro próximo, bilhões de barris das modestas reservas nacionais de petróleo se esvairão para o exterior, com prejuízos irreparáveis para a sociedade, no curto e médio prazo, que não disporá de um energético barato para quem o extrai e terá dificuldade, no futuro, para repor as quantidades exportadas, a fim de atender a crescente demanda interna. Em compensação, as empresas exportadoras terão lucros astronômicos negociando, de forma predatória, o petróleo nacional.

Parafraseando conhecido refrão popular, sabemos que não adianta chorar sobre o petróleo derramado, porque da decisão não cabe recurso, mas alguns setores mais esclarecidos da sociedade tentam identificar onde ocorreram erros de análise da parte dos Senhores Magistrados para efeito de aprendizado.

O ministro relator, Carlos de Brito, e o ministro Marco Aurélio, em seus respectivos votos, esgotaram, de forma magistral, todos os aspectos jurídicos da questão, buscando mostrar aos seus pares como a legislação vigente ocasiona danosas conseqüências para o patrimônio nacional e seus pontos de conflito com o texto constitucional.

No decorrer dos debates, contra-argumentando, um Ministro afirmou que haveria monopólio na comercialização do produto, pois o Estado, através da Agência Nacional do Petróleo, a determinaria nos termos da referida lei. Não percebeu porém o ilustre Magistrado que, no momento em que um edital de licitação é lançado, a comercialização futura, na prática, já está toda definida e a ANP nada poderá fazer.

Tal fato ocorre porque a empresa vencedora da licitação é obrigada a cumprir o contrato de concessão, parte integrante do edital, e nele, o tempo e o investimento mínimo de cada fase estão bem definidos. Supondo-se que a empresa tenha sucesso e que, empregando seus recursos e cumprindo todos os prazos contratuais, tenha o campo pronto para entrar na fase de produção, não poderá a mesma ser proibida de operar e exportar o petróleo, desde que o mercado interno esteja abastecido. Assim ocorrendo, não poderia a ANP pretender, sob quaisquer pretextos, guardar o petróleo nacional para ser consumido no futuro, inexistindo, na prática, a capacidade de definir a comercialização final do produto.

Considerou também o mesmo ministro que, se votasse a favor da ADI, a Petrobrás seria prejudicada, aplicando um raciocínio inadequado para o mérito da questão em julgamento. Atualmente, o valor dos campos de petróleo realmente consta dos ativos da Petrobrás, graças à nova lei vigente propiciar a entrega do petróleo descoberto e produzido para as empresas concessionárias. Se a ADI tivesse sido aprovada, os campos do país seriam retirados dos ativos das empresas, inclusive da Petrobrás, e contabilizados como bens da União, significando que nosso país preservaria seu patrimônio. Será correto pensar-se no interesse das empresas, acima dos interesses sociais?

Com a infortunada decisão, nosso país só terá a perder, pois o petróleo descoberto e produzido pelas empresas, estrangeiras em sua quase-totalidade, poderá ser exportado e o lucro remetido para o exterior, restando-nos, em futuro não muito distante, tentar adquirir no imprevisível mercado internacional, os mesmos volumes do ouro negro, que a imprevidência dos nossos líderes permitiu fossem subtraídos do povo brasileiro.

Um outro ministro chegou a afirmar que os legisladores de 1995, ao aprovarem a Emenda Constitucional nº 9, queriam que empresas estatais ou privadas produzissem petróleo e fossem detentoras da sua propriedade, ou seja, com tal raciocínio, o monopólio de fato estaria sendo extinto. Parece-nos muita pretensão, querer interpretar o que se passava na cabeça dos Congressistas da época. Mas, se a real intenção deles fosse nesse sentido, por que o Congresso simplesmente não extinguiu os incisos de I a IV e o parágrafo 1º do artigo 177 da Constituição? Seria bem mais simples e direto. Se assim procedessem, o artigo 177 passaria a abranger somente o monopólio estatal do setor nuclear, com as atividades petrolíferas sendo regidas pelo artigo 176, permitindo tudo que Sua Excelência considera como a suposta intenção dos Congressistas.

Surpreendentemente, parece que boa parcela dos Magistrados da Suprema Corte deixou-se motivar por argumentos catastróficos, aceitando a tese de que os investidores estrangeiros considerariam, se o STF não rejeitasse a ADI, que nosso país não mais respeitava marcos regulatórios, ocorrendo, em conseqüência, uma fuga dos capitais aqui aplicados, desvalorização do real, explosão do risco Brasil etc.

A consideração jurídica da constitucionalidade de uma Lei parece estar, para nós, acima de quaisquer interesses de empresas e grupos, jamais colocando o país refém de políticas monetaristas e jogatinas do mercado. Soberania e interesse nacional são bandeiras de luta de uma sociedade que não aceita mais qualquer tipo de chantagem.

Sergio Xavier Ferolla é tenente-brigadeiro-do-ar e membro da Academia Nacional de Engenharia e da Academia Brasileira de Engenharia Militar. **Paulo Metri** é conselheiro do Clube de Engenharia.

Impressão e Acabamento